BESTACTIVITYBOOKS.COM

ERSTE AUSGABE - Veröffentlicht 2022

Extra Grafikmaterial von: www.freepik.com
Dank an: Alekksall, Starline, Pch.vector, Rawpixel.com, Vectorpocket, Dgim-studio, Upklyak, Macrovector, Stockgiu, Pikisuperstar & Freepik.com Designers

5 TIPPS FÜR DEN ANFANG!

1) LÖSUNG DER RÄTSEL

Die Puzzles haben ein klassisches Format :

- Die Wörter sind ohne Abstand, Bindetrich usw... versteckt
- Richtung : vor-& rückwärts, auf & ab oder in der Diagonale (beider Richtungen)
- Die Wörter können übereinanderliegen oder sich kreuzen

2) AKTIVES LERNEN

Neben jedem Wort ist ein Abstand vorgesehen zum Aufschreiben der Übersetzung. Um ihre Kenntnisse zu überprüfen und zu erweitern befindet sich am Ende des Buches ein **WÖRTERBUCH**. Suchen sie die Übersetzungen, schreiben sie sie auf, dann können sie sie in den. Puzzles suchen und ihrem Wortschatz hinzufügen.

3) ANZEICHNUNG DER WÖRTER

Haben sie schon einmal versucht eine Anzeichnung zu verwenden? Sie könnten zum Beispiel die Wörter, die schwer zu finden sind, ankreuzen, die Wörter, die sie lieben, mit einem Stern, neue Wörter mit einem Dreieck, seltene Wörter mit einem Diamant usw ... anzeichnen

4) IHR LERNEN ORGANISIEREN

Am Ende dieser Ausgabe bieten wir auch ein praktisches **NOTIZBUCH** an. Ob im Urlaub, auf Reisen oder zu Hause, sie können ihr neues Wissen ganz einfach organisieren, ohne ein zweites Notizbuch zu benötigen!

5) SIND SIE AM SCHLUSS ?

Gehen sie zum Bonusbereich : **MONSTER-HERAUSFÖRDERUNG,** um ein kostenloses Spiel zu finden, das am Ende dieser Ausgabe angeboten wird !

Lust auf mehr Spaß und Lernaktivitäten? Schnell und einfach : eine ganze Spielbuchsammlung mit einem einzigen Klick erhaltbar :

Mit diesem Link finden sie ihre nächste Herausforderung :

BestActivityBooks.com/MeineNachsteWortsuche

Achtung, fertig, ... Los !!

Wussten sie, dass es auf der Welt ungefähr 7.000 verschiedene Sprachen gibt ? Wörter sind kostbar.

Wie lieben Sprachen und haben schwer daran gearbeitet, die Bücher von höchster Qualität für sie zu entwerfen. Unsere Zutaten ?

Eine Auswahl von angepassten Lernthemen, drei große Scheiben Spaß, dann fügen wir einen Löffel schwieriger Wörter und eine Prise seltener Wörter hinzu. Wir servieren sie mit Sorgfalt und ein Maximum an Freude, damit sie die besten Wortspiele lösen und Spaß am Lernen haben.

Ihre Meinung ist wichtig. Sie können aktiv zum Erfolg dieses Buches beitragen, indem sie uns eine Bemerkung hinterlassen. Sagen sie uns, was ihnen an dieser Ausgabe am besten gefallen hat !!

Hier ist ein kurzer Link, der sie zu ihrer Bewertungsseite führt

BestBooksActivity.com/Rezension50

Vielen Dank für ihre Hilfe und viel Spaß

Linguas Classics

1 - Gesundheit und Wellness #2

K	A	L	O	R	İ	E	T	K	A	U	G	N	C	S
F	Q	Y	B	V	Z	N	C	K	S	L	T	K	T	L
U	F	A	K	B	N	E	Y	J	I	H	E	R	P	T
M	A	S	A	J	Y	R	K	N	S	S	S	R	J	E
S	B	A	T	J	J	J	Q	E	K	H	H	T	J	S
P	T	R	I	L	Q	I	L	H	G	Y	K	U	O	İ
O	Y	E	N	F	E	K	S	I	Y	O	N	K	K	L
R	M	L	N	L	G	E	N	E	T	İ	K	Y	A	G
G	E	K	C	A	D	F	Z	C	E	T	J	U	V	N
D	U	S	E	R	T	S	I	J	Y	S	F	P	J	Q
H	B	İ	L	G	I	S	N	K	I	L	R	I	Ğ	A
O	V	R	J	U	K	N	A	U	D	D	P	E	D	J
H	A	S	T	A	L	I	K	H	A	T	Ş	I	I	D
S	A	Ğ	L	I	K	L	I	A	N	A	T	O	M	İ
V	İ	T	A	M	İ	N	İ	P	F	R	A	Y	E	E

ALERJİ
ANATOMİ
IŞTAH
KAN
DIYET
ENERJI
GENETİK
SAĞLIKLI
AĞIRLIK
HIJYEN
ENFEKSIYON
KALORİ
HASTANE
HASTALIK
MASAJ
RİSKLER
UYKU
SPOR
STRES
VİTAMİNİ

2 - Ozean

Y	M	R	Y	L	S	S	L	Z	I	O	K	Y	G	K
V	R	T	D	U	B	Ü	E	B	N	B	A	I	E	A
P	K	B	H	L	N	R	N	G	K	L	P	L	L	R
Z	C	S	G	B	E	U	I	G	Ç	M	L	A	G	İ
G	U	U	K	F	L	I	S	F	E	D	U	N	İ	D
A	H	T	A	P	O	T	O	B	G	R	M	B	T	E
İ	S	T	İ	R	İ	D	Y	E	N	E	B	A	M	S
F	I	R	T	I	N	A	T	E	E	F	A	L	R	U
A	O	P	Z	O	J	N	N	B	Y	C	Ğ	I	E	Q
K	Ö	P	E	K	B	A	L	I	Ğ	I	A	Ğ	S	Y
B	I	P	Q	T	P	C	H	B	M	D	N	I	İ	O
A	Y	O	D	D	O	R	K	U	M	K	I	B	F	S
L	M	Y	U	P	F	E	H	U	O	H	L	D	U	U
I	C	S	G	K	E	M	M	O	H	M	A	N	O	N
K	D	E	N	İ	Z	A	N	A	S	I	B	G	U	L

YILAN BALIĞI
YOSUN
İSTİRİDYE
BOT
YUNUS
BALIK
KARİDES
GELGİT
KÖPEKBALIĞI
MERCAN
YENGEÇ
AHTAPOT
DENİZANASI
RESİF
TUZ
KAPLUMBAĞA
SÜNGER
FIRTINA
BALINA

3 - Krankheit

K	İ	L	T	İ	H	A	P	B	S	H	E	A	T	Z
E	R	I	V	J	K	Z	T	U	K	A	Z	H	B	A
J	F	O	R	Ü	U	R	E	L	K	İ	M	E	K	Y
T	Y	G	N	Z	C	P	L	A	K	E	G	A	I	I
N	Q	J	Q	İ	U	U	C	Ş	I	C	E	L	L	F
O	O	V	A	T	K	J	T	I	P	D	N	E	K	K
N	Ö	R	O	P	A	T	İ	C	M	P	E	R	I	K
F	A	B	S	R	Y	S	Z	I	A	M	T	J	Ş	A
B	A	K	T	E	R	İ	Y	E	L	F	İ	İ	I	L
S	O	C	E	S	E	N	D	R	O	M	K	L	Ğ	I
S	A	Ğ	L	I	K	S	İ	N	Ü	S	P	E	A	T
S	O	L	U	N	U	M	E	T	V	L	Z	R	B	S
T	E	R	A	P	İ	Y	Y	M	E	I	D	F	Z	A
T	E	K	K	I	K	E	Z	O	B	O	S	G	I	L
B	F	P	L	P	J	O	K	N	J	C	N	L	U	S

AKUT
ALERJİLER
BULAŞICI
SOLUNUM
BAKTERİYEL
KRONİK
İLTİHAP
KALITSAL
GENETİK
SAĞLIK

KALP
BAĞIŞIKLIK
KEMİKLER
VÜCUT
NÖROPATİ
ZAYIF
SİNÜS
SENDROM
TERAPİ

4 - Meditation

M	I	N	N	E	T	T	A	R	L	I	K	K	U	D
B	S	E	S	S	I	Z	L	I	K	Z	I	A	Y	Ü
N	A	M	E	R	H	A	M	E	T	G	F	B	A	Ş
E	Z	R	C	N	D	K	A	U	T	F	R	U	N	Ü
Z	M	I	I	P	O	Q	Ç	C	Q	I	G	L	I	N
A	D	C	K	Ş	Ğ	D	I	S	V	T	D	E	K	C
K	U	J	K	Ö	A	Q	K	O	Z	K	E	L	Q	E
E	R	S	U	Ğ	A	M	L	A	S	E	F	E	N	L
T	U	F	L	R	H	E	I	C	U	P	G	S	I	E
R	Ş	I	U	E	Z	A	K	B	F	S	O	N	S	R
A	K	I	L	N	M	C	R	F	T	R	U	İ	R	Q
V	J	B	T	M	I	D	N	E	S	E	I	H	G	C
F	E	L	U	E	V	K	A	R	K	P	R	İ	D	Y
Z	S	L	M	K	V	M	A	J	B	E	L	Z	E	Q
M	Ü	Z	I	K	V	E	B	S	V	C	T	Q	E	G

KABUL
NEFES ALMA
HAREKET
MINNETTARLIK
NEZAKET
BARIŞ
DÜŞÜNCELER
ZİHİNSEL
MUTLULUK
DURUŞ

AÇIKLIK
ÖĞRENMEK
MERHAMET
MÜZIK
DOĞA
PERSPEKTIF
SAKIN
SESSIZLIK
AKIL
UYANIK

5 - Archäologie

U	Ç	J	R	M	U	K	F	N	J	C	T	A	U	A
Q	N	A	T	G	Z	O	E	Y	C	I	A	N	Z	R
N	Q	U	Ğ	K	I	T	R	M	U	T	K	A	M	A
J	N	I	T	N	I	L	A	K	İ	T	I	L	A	Ş
S	E	H	N	U	A	Ö	Z	N	D	K	M	I	N	T
D	Y	Y	J	U	L	D	E	H	Q	K	L	Z	Y	I
N	E	S	N	E	İ	M	M	V	V	G	K	E	J	R
T	M	C	D	K	S	A	U	R	H	K	Z	B	R	M
O	N	Z	P	A	O	Y	Y	Ş	I	N	U	L	C	A
D	I	I	S	N	F	D	U	O	K	I	R	U	J	C
N	L	M	G	I	Z	E	M	I	V	F	Y	Z	H	I
K	I	P	R	P	O	J	U	K	R	R	U	N	Z	N
U	B	V	B	A	P	R	O	F	E	S	Ö	R	S	H
P	F	S	Y	T	E	Y	I	N	E	D	E	M	T	O
D	E	Ğ	E	R	L	E	N	D	I	R	M	E	E	O

ANALIZ
DEĞERLENDIRME
ÇAĞ
UZMAN
ARAŞTIRMACI
FOSİL
GIZEM
MEZAR
KEMİKLER
TAKIM
DÖL
NESNE
PROFESÖR
KALINTI
TAPINAK
BILINMEYEN
UNUTULMUŞ
MEDENIYET

6 - Gesundheit und Wellness #1

L	P	C	S	C	I	L	T	N	N	P	C	A	R	E
S	Ü	R	İ	V	H	Ç	K	G	I	L	L	L	E	T
O	A	O	N	T	E	R	A	P	İ	K	Z	I	F	K
J	T	R	İ	L	F	D	K	L	Y	V	Y	Ş	L	I
M	B	İ	R	E	T	K	A	B	İ	S	C	K	E	N
T	N	F	L	P	J	K	I	R	I	K	Q	A	K	Y
Y	H	N	E	N	A	Z	C	E	K	I	Z	N	S	Ü
D	A	K	R	E	L	K	İ	M	E	K	V	L	T	K
A	O	R	A	S	K	I	V	A	D	E	T	I	I	S
E	L	K	A	M	A	L	T	A	H	A	R	K	B	E
C	O	İ	T	L	E	Ç	V	Q	L	M	R	T	B	K
V	L	N	D	O	A	A	L	B	Z	R	K	Z	İ	L
C	U	İ	K	V	R	N	L	K	F	O	H	S	A	I
Y	C	L	P	A	K	B	M	V	G	Y	F	C	U	K
B	O	K	Y	I	T	S	D	A	P	O	Q	L	P	L

ETKIN
ECZANE
DOKTOR
BAKTERİ
TEDAVI
RAHATLAMA
KIRIK
ALIŞKANLIK
CILT
YÜKSEKLIK
AÇLIK
KLİNİK
KEMİKLER
İLAÇ
TIBBİ
SİNİRLER
REFLEKS
TERAPİ
YARALANMA
VİRÜS

7 - Obst

U	D	B	Ö	Ğ	Ü	R	T	L	E	N	Ü	L	R	A
E	K	A	Y	I	S	I	A	U	P	Q	Z	H	D	N
R	L	A	N	A	N	A	S	P	F	H	Ü	C	L	E
G	Q	M	Y	I	T	U	N	H	C	R	M	T	M	K
H	E	J	A	Z	P	G	T	F	U	I	R	S	M	T
R	K	J	K	N	U	R	E	T	A	P	V	K	K	A
A	K	I	V	H	B	E	L	İ	M	O	N	İ	P	R
A	H	N	R	Z	A	Y	O	M	O	I	A	V	A	P
V	Z	U	M	A	D	F	I	D	Q	H	G	İ	P	K
O	G	V	D	D	Z	U	C	N	U	R	U	T	A	O
K	K	A	T	U	M	R	A	E	E	I	A	K	Y	B
A	P	K	K	Q	D	T	B	V	Z	U	D	D	A	Q
D	O	I	J	V	U	U	O	Ş	E	F	T	A	L	I
O	R	R	O	D	Z	V	M	R	V	M	U	P	D	N
T	B	E	S	M	A	I	O	R	D	K	D	U	R	H

ANANAS
ELMA
KAYISI
AVOKADO
MUZ
DUT
ARMUT
BÖĞÜRTLEN
GREYFURT
AHUDUDU
KIRAZ
KİVİ
KAVUN
NEKTAR
TURUNCU
PAPAYA
ŞEFTALI
ERİK
ÜZÜM
LİMON

8 - Universum

H	K	O	Z	M	İ	K	A	Y	D	O	Z	H	L	L
E	B	L	E	B	U	U	U	F	U	K	S	H	Q	E
A	S	T	R	O	N	O	M	İ	L	I	I	Y	A	S
E	G	N	Ü	R	Ö	Y	A	E	P	L	K	A	T	K
T	K	Q	I	C	P	P	L	H	F	N	P	O	M	Ö
H	E	V	O	E	H	H	Y	V	B	A	A	N	O	G
C	R	L	A	O	O	P	O	Ü	V	R	G	G	S	Ö
Z	Ü	P	E	T	K	Z	B	M	M	A	L	E	F	K
L	K	M	L	S	O	Ü	Z	Ü	Y	K	Ö	G	E	A
U	M	E	V	J	K	R	Ü	N	Ü	R	Ö	G	R	D
M	I	L	O	G	Z	O	U	Ö	J	G	Q	K	E	A
Q	R	N	P	N	Y	K	P	D	Y	C	L	R	S	U
L	A	E	G	S	R	M	O	N	O	R	T	S	A	N
H	Y	R	N	M	L	U	P	Ü	A	Q	I	F	D	J
Q	U	S	V	Z	H	Z	A	G	H	C	J	U	U	T

ASTRONOM
ASTRONOMİ
ATMOSFER
EON
EKVATOR
ENLEM
KARANLIK
GÖKADA
YARIMKÜRE
GÖKYÜZÜ
GÖKSEL
UFUK
KOZMİK
BOYLAM
AY
YÖRÜNGE
GÖRÜNÜR
GÜNDÖNÜMÜ
TELESKOP
ZODYAK

9 - Camping

H	I	A	S	D	F	P	O	S	C	H	M	Y	I	M
Ğ	A	D	Z	Y	S	F	R	K	K	E	A	H	A	S
E	Ğ	Y	Z	S	Q	G	P	B	L	K	C	B	Q	A
R	O	L	V	E	Ğ	L	E	N	C	E	E	M	T	N
G	D	V	B	A	E	P	A	I	H	Y	R	I	Z	U
K	G	C	B	Y	N	Z	Q	P	A	A	A	S	J	J
U	A	L	L	E	A	L	U	S	U	P	M	Z	D	O
Z	Y	B	Q	Y	M	Ö	A	V	Q	I	P	A	B	L
V	G	F	İ	K	R	G	R	R	E	N	E	F	K	K
I	U	U	D	N	O	P	K	H	A	R	İ	T	A	V
A	K	R	V	P	N	E	E	Ş	A	P	K	A	C	N
T	U	R	Y	H	A	V	C	I	L	I	K	A	S	N
E	P	Z	S	H	K	C	Ö	Q	A	P	L	Y	Z	N
Ş	Ç	A	D	I	R	V	B	Z	P	R	Z	L	V	A
R	H	P	I	E	Z	F	F	F	G	T	Z	E	L	I

MACERA
DAĞ
ATEŞ
HAMAK
ŞAPKA
BÖCEK
AVCILIK
KABİN
KANO
HARİTA
PUSULA
FENER
AY
DOĞA
GÖL
IP
EĞLENCE
HAYVANLAR
ORMAN
ÇADIR

10 - Zeit

V	K	A	F	N	Ö	M	C	Y	B	D	B	E	O	Q
B	V	J	Z	M	I	Ğ	S	A	B	A	H	R	M	P
C	Y	A	P	U	U	B	L	Y	F	D	J	K	G	V
Y	Ü	Z	Y	I	L	U	I	E	C	N	Ö	E	G	M
Q	F	P	M	K	Z	G	Y	U	T	N	V	N	T	Y
H	B	T	Q	V	T	Ü	N	S	A	A	T	A	Y	U
I	T	S	C	Q	B	N	O	G	E	C	E	Y	C	D
D	A	K	İ	K	A	T	F	A	H	N	L	I	A	I
M	U	D	K	I	R	Y	E	K	E	C	E	L	E	G
I	T	B	Q	L	N	B	R	T	B	U	G	G	V	S
Ş	Q	C	U	L	O	B	C	F	A	N	F	Z	E	Z
U	D	L	D	I	S	R	E	K	F	K	L	B	P	R
R	Ü	G	Q	Y	R	V	B	P	D	O	V	Z	T	N
R	N	B	Ü	U	F	N	F	Z	T	M	L	I	Q	P
Z	D	A	A	N	S	O	K	N	B	T	B	R	M	H

ERKEN
DÜN
BUGÜN
YIL
YÜZYIL
ON YIL
YILLIK
ŞIMDI
TAKVIM
DAKİKA
ÖĞLE
AY
SABAH
SONRA
GECE
GÜN
SAAT
ÖNCE
HAFTA
GELECEK

11 - Säugetiere

T	Z	K	S	F	H	K	S	B	Z	G	I	F	Y	B
U	R	E	O	K	U	R	T	O	S	I	Ç	A	N	I
E	D	P	C	Y	P	Y	A	Ğ	K	U	N	D	U	Z
K	C	Ö	R	E	U	T	D	A	F	A	R	Ü	Z	D
M	A	K	S	B	F	N	A	L	S	A	G	P	K	Y
A	I	N	U	N	P	Q	Ç	O	I	D	H	U	U	F
Y	K	C	G	A	L	C	Z	A	N	I	L	A	B	U
M	K	N	V	U	İ	J	E	İ	K	L	İ	T	P	S
U	N	V	U	M	R	B	B	A	N	A	L	P	A	K
N	P	T	U	B	O	U	R	P	P	T	L	H	N	V
G	D	T	U	F	G	K	A	U	L	Y	I	N	T	C
Y	F	T	F	F	G	S	M	M	P	B	F	C	E	T
I	M	I	Q	T	D	F	U	Y	I	C	D	S	R	L
V	Y	H	U	R	C	C	U	L	A	G	H	S	G	Z
A	Y	I	L	Z	S	C	A	K	B	N	H	S	C	O

MAYMUN
AYI
KUNDUZ
FIL
TİLKİ
ZÜRAFA
GORİL
KÖPEK
KANGURU
ÇAKAL
ASLAN
PANTER
AT
SIÇAN
KOYUN
BOĞA
KAPLAN
BALINA
KURT
ZEBRA

12 - Algebra

P	M	R	D	D	F	Z	H	R	S	P	P	Ç	Ü	A
S	P	F	L	A	S	U	R	Ğ	O	D	Ç	Ö	K	S
P	Q	A	Ü	N	I	U	A	B	N	Z	Ö	Z	O	P
Y	J	K	M	Z	Y	D	C	F	S	Y	Z	M	J	E
H	U	T	R	U	J	T	U	M	U	N	Ü	E	C	G
T	A	Ö	O	G	Y	H	V	D	Z	M	M	K	F	Y
O	D	R	F	U	U	H	N	E	K	Ş	I	Ğ	E	D
P	K	İ	F	A	R	G	R	N	H	P	M	R	A	S
L	Z	Q	Y	M	R	G	L	K	K	E	S	I	R	O
A	L	H	R	A	A	Ş	I	L	N	A	Y	F	A	R
M	T	Y	B	P	G	T	L	E	L	Q	C	I	M	U
T	K	H	M	R	O	R	R	M	T	V	Y	S	U	N
Ç	I	K	A	R	M	A	A	İ	Q	D	I	P	N	N
S	Q	N	H	P	H	F	B	M	S	P	N	Y	L	M
B	A	S	İ	T	L	E	Ş	T	İ	R	R	I	J	S

KESIR
DİYAGRAM
ÜS
FAKTÖR
YANLIŞ
FORMÜL
DENKLEM
GRAFİK
DOĞRUSAL
ÇÖZMEK

ÇÖZÜM
MATRİS
SIFIR
NUMARA
SORUN
ÇIKARMA
TOPLAM
SONSUZ
DEĞIŞKEN
BASİTLEŞTİR

13 - Diplomatie

J	Y	E	L	Ç	İ	L	İ	K	V	Ç	B	B	S	G
N	E	A	Ç	Ö	Z	Ü	M	İ	E	E	Ü	Ü	İ	Ü
N	F	V	B	V	K	P	J	T	A	K	Y	T	Y	V
V	V	O	R	A	Z	O	A	E	Z	I	Ü	Ü	A	E
İ	F	C	A	O	N	K	M	T	G	Ş	K	N	S	N
E	N	C	L	A	K	C	Ş	O	R	M	E	L	E	L
G	D	S	Ş	R	A	T	I	P	A	E	L	Ü	T	I
T	A	L	A	D	J	S	T	L	N	I	Ç	K	Q	K
D	N	Y	D	N	O	S	R	U	T	T	İ	P	P	P
İ	I	R	N	L	İ	G	A	L	L	E	G	B	V	Y
L	Ş	M	A	I	P	T	T	U	A	M	L	B	A	N
L	M	N	T	H	C	M	U	K	Ş	Ü	M	A	Z	J
E	A	O	A	O	H	D	K	G	M	K	D	V	D	Y
R	N	C	V	O	J	R	B	V	A	Ü	D	S	M	A
D	İ	P	L	O	M	A	T	İ	K	H	U	Z	L	E

YABANCI
DANIŞMAN
ELÇİLİK
BÜYÜKELÇİ
VATANDAŞLAR
DİPLOMATİK
TARTIŞMA
ETİK
TOPLULUK
ADALET
İNSANİ
BÜTÜNLÜK
ÇEKİŞME
ÇÖZÜM
SİYASET
HÜKÜMET
GÜVENLIK
DİLLER
ANTLAŞMA

14 - Astronomie

T	O	N	O	R	T	S	A	T	V	Q	Q	M	Z	Z
G	U	S	T	U	L	U	B	A	P	N	J	T	Y	V
Q	Ü	T	V	Q	P	D	E	K	B	B	T	K	L	U
A	R	N	U	I	D	Y	Z	I	D	L	I	Y	C	C
Y	Q	F	E	L	A	U	C	M	T	O	P	R	A	K
J	K	V	Q	Ş	M	Z	M	Y	M	E	T	E	O	R
E	D	A	U	J	D	A	A	I	U	B	E	G	G	Z
T	E	L	E	S	K	O	P	L	C	P	V	Q	Ö	O
A	S	T	R	O	N	O	M	D	N	M	R	G	K	D
L	K	U	Y	B	I	Y	K	I	L	N	E	Ö	A	Y
R	T	T	D	M	G	A	Q	Z	R	J	N	K	D	A
R	O	A	S	Ü	P	E	R	N	O	V	A	Y	A	K
K	R	K	D	V	S	J	Q	G	Q	H	F	Ü	B	B
N	A	L	E	G	E	Z	E	G	E	N	O	Z	P	I
E	N	A	H	T	A	S	A	R	G	L	B	Ü	M	Z

ASTRONOT
ASTRONOM
TOPRAK
TUTULMA
GÖKADA
GÖKYÜZÜ
TAKIMYILDIZ
METEOR
AY
BULUTSU
RASATHANE
GEZEGEN
ROKET
UYDU
GÜNEŞ
YILDIZ
SÜPERNOVA
TELESKOP
ZODYAK
EVREN

15 - Ballett

Y	R	S	F	Z	A	V	A	I	C	S	C	M	O	Q
A	O	D	E	C	T	G	N	I	P	V	O	J	E	U
Y	L	Ğ	R	Y	A	R	Q	D	P	F	B	H	I	Z
A	O	H	U	K	I	Z	Ü	M	T	E	K	N	İ	K
A	S	H	C	N	O	R	F	Ş	I	K	L	A	O	C
U	B	Z	M	N	L	J	C	I	Y	P	A	R	E	J
F	L	H	E	H	Q	U	F	I	J	E	S	T	H	R
R	İ	T	İ	M	R	V	K	L	F	E	T	S	T	A
P	Z	U	B	B	E	S	T	E	C	I	A	E	A	L
I	D	S	K	E	A	V	A	B	G	O	N	K	R	I
Z	V	E	A	B	C	I	V	O	D	P	A	R	Z	Ç
B	O	A	S	B	A	E	O	Z	Q	F	S	O	Z	S
T	P	I	L	İ	F	A	R	G	O	E	R	O	K	N
M	C	U	A	J	B	M	P	I	L	M	A	L	N	A
A	F	İ	R	A	Z	B	A	L	E	R	İ	N	C	D

ZARİF
ALKIŞ
ANLAMLI
BALERİN
KOREOGRAFİ
BECERI
JEST
YOĞUNLUK
BESTECI
SANATSAL
MÜZIK
KASLAR
ORKESTRA
PROVA
SEYIRCI
RİTİM
SOLO
TARZ
DANSÇILAR
TEKNİK

16 - Strand

G	M	K	Y	G	Ü	N	E	Ş	N	H	N	Z	T	M
K	T	A	Ş	E	M	S	İ	Y	E	J	S	N	Y	E
S	A	A	V	S	V	U	L	V	A	H	V	F	J	I
Q	T	K	A	I	Z	D	N	K	U	M	S	T	D	J
B	I	G	O	O	H	C	E	D	U	L	A	G	Ü	N
O	L	A	Q	S	F	U	K	E	A	L	I	G	J	H
T	E	H	J	B	J	F	L	N	M	Q	L	H	S	F
S	U	N	A	Y	K	O	E	I	R	U	B	Y	A	İ
S	A	C	V	B	O	A	Y	Z	N	C	O	E	N	S
I	S	N	Y	E	D	F	A	M	I	L	E	N	K	E
V	S	I	D	V	J	Q	T	N	U	P	R	G	Y	R
Y	N	A	K	A	D	N	L	N	V	K	C	E	V	B
P	C	Q	M	H	L	G	G	M	A	O	R	Ç	Q	V
Q	O	A	S	S	Q	E	E	M	D	K	Q	H	F	J
H	V	A	H	G	K	I	T	L	A	I	O	M	V	M

MAVI
BOT
DOK
HAVLU
ADA
YENGEÇ
SAHIL
LAGÜN
DENIZ

OKYANUS
ŞEMSİYE
RESİF
KUM
SANDALET
YELKENLİ
GÜNEŞ
TATIL

17 - Geologie

V	N	M	L	Q	Y	V	N	K	K	G	L	Q	D	R
V	O	Q	M	Q	A	I	S	C	U	J	A	T	I	K
E	G	L	Ö	B	Y	C	F	Z	V	D	V	U	Z	K
V	O	T	K	R	L	B	U	N	A	C	R	E	M	A
T	A	Ş	Z	A	A	T	U	Z	R	A	M	R	A	L
R	O	A	H	A	N	R	N	H	S	D	G	O	S	S
S	A	R	K	I	T	G	A	Y	Z	E	R	Z	İ	İ
Y	F	E	C	I	O	M	E	R	P	E	D	Y	T	Y
O	T	L	N	E	V	P	A	B	U	F	V	O	Q	U
C	Q	Ü	D	N	F	D	V	Ğ	C	Z	S	N	B	M
E	O	G	H	D	Y	K	S	O	A	S	A	F	S	K
M	İ	N	E	R	A	L	L	E	R	R	L	O	H	N
K	P	Ö	U	Z	Q	F	Q	E	B	K	A	S	O	L
Ö	M	D	K	K	F	U	A	H	Y	K	L	İ	U	O
D	F	E	M	A	L	V	I	H	D	C	A	L	B	F

DEPREM
EROZYON
FOSİL
DÖKME
GAYZER
MAĞARA
KALSİYUM
KITA
MERCAN
LAV

MİNERALLER
YAYLA
KUVARS
TUZ
ASİT
SARKIT
TAŞ
VOLKAN
BÖLGE
DÖNGÜLER

18 - Wissenschaft

G	P	N	N	K	Q	Y	D	M	O	G	B	K	F	B
J	A	P	O	O	O	J	A	T	O	M	İ	I	İ	P
Y	R	R	J	F	Z	T	E	M	Q	I	T	M	Z	A
O	Ç	Y	Ö	N	T	E	M	E	A	L	K	Y	İ	D
V	A	V	B	I	Z	P	J	I	F	K	İ	A	K	O
I	C	F	O	S	İ	L	D	J	T	I	L	S	P	Ğ
G	I	O	R	G	A	N	İ	Z	M	A	E	A	I	A
M	K	S	U	L	I	T	R	N	K	I	R	L	S	D
G	L	Ü	K	E	L	O	M	C	Y	L	I	N	G	E
N	A	C	H	A	F	S	A	E	V	R	I	M	U	N
D	R	L	A	B	O	R	A	T	U	V	A	R	F	E
R	G	C	Z	P	I	V	G	E	R	Ç	E	K	C	Y
H	I	P	O	T	E	Z	E	U	J	H	N	A	C	V
B	M	J	R	E	L	L	A	R	E	N	İ	M	K	Z
Y	E	R	Ç	E	K	İ	M	İ	I	L	T	J	D	E

ATOM
KIMYASAL
VERI
EVRIM
DENEY
FOSİL
HIPOTEZ
IKLIM
LABORATUVAR
YÖNTEM
MİNERALLER
MOLEKÜL
DOĞA
ORGANİZMA
PARÇACIKLAR
BİTKİLER
FİZİK
YERÇEKİMİ
GERÇEK

19 - Sport

N	S	N	B	Y	E	N	M	K	J	I	B	K	R	T
K	N	T	F	D	D	F	N	J	L	Q	D	V	Q	E
O	G	E	A	S	A	L	O	N	I	L	M	E	E	N
H	Q	L	H	D	C	O	Y	A	K	O	Y	U	N	İ
E	I	T	Y	G	Y	G	İ	N	O	B	U	H	T	S
M	B	A	H	T	V	U	P	A	Ç	T	L	V	A	K
J	K	H	Y	E	T	H	M	Z	Q	E	Y	H	K	T
G	İ	Y	B	K	U	O	A	A	P	K	F	A	I	G
L	H	M	Z	E	I	K	Ş	K	S	S	I	G	M	F
O	L	E	N	R	O	E	Z	M	O	A	P	N	F	Q
B	D	K	L	A	F	Y	B	L	Y	B	Z	K	C	O
Z	A	A	O	H	S	P	P	C	U	E	N	J	M	O
Y	Q	H	Y	G	F	T	L	E	N	G	Z	N	V	T
E	L	O	T	Y	K	E	İ	L	C	P	B	A	O	T
B	I	S	I	K	L	E	T	K	U	Q	S	Q	O	B

ATLET
BEYZBOL
BASKETBOL
HAREKET
HOKEY
BISIKLET
KAZANAN
GOLF
SALON
JİMNASTİK
TAKIM
ŞAMPİYON
HAKEM
OYUN
OYUNCU
STADYUM
TENİS
KOÇ

20 - Mythologie

G	Ö	K	G	Ü	R	Ü	L	T	Ü	S	Ü	K	K	Ö
T	E	K	A	L	E	F	R	D	T	R	K	U	A	L
S	N	Y	I	L	D	I	R	I	M	Ü	I	V	H	Ü
L	A	U	K	N	L	T	T	F	E	T	L	V	R	M
U	S	V	M	N	D	U	B	K	Z	L	Ç	E	A	S
R	F	E	A	U	B	Ü	Y	Ü	L	Ü	N	T	M	Ü
V	E	N	R	Ş	N	I	N	T	I	K	A	M	A	Z
O	G	S	E	I	Ç	E	I	N	S	I	K	L	N	L
D	K	C	H	N	B	I	L	E	Q	T	S	G	G	Ü
C	C	A	N	A	V	A	R	R	T	A	I	N	E	K
F	E	O	V	Z	D	T	R	İ	E	R	K	C	K	Z
Ş	I	N	A	R	V	A	D	B	Q	A	V	L	B	U
M	G	L	N	H	S	O	I	A	O	Y	C	M	Q	B
G	D	Y	K	E	Q	M	Ü	L	M	Ü	L	Ö	F	P
M	S	K	D	J	T	Y	A	R	A	T	I	L	I	Ş

NUMUNE
YILDIRIM
GÖK GÜRÜLTÜSÜ
KISKANÇLIK
KAHRAMAN
CENNET
FELAKET
YARATILIŞ
YARATIK
SAVAŞÇI
KÜLTÜR
LABİRENT
EFSANE
BÜYÜLÜ
CANAVAR
INTIKAM
KUVVET
ÖLÜMLÜ
ÖLÜMSÜZLÜK
DAVRANIŞ

21 - Kraft und Schwerkraft

K	L	Y	R	G	G	M	Y	Z	G	L	G	I	P	R
K	I	L	R	I	Ğ	A	E	Z	E	E	D	P	M	S
M	E	S	A	F	E	N	K	Z	Z	M	K	I	V	D
F	G	L	Q	A	D	Y	E	Z	E	N	İ	S	O	N
İ	N	F	M	Y	B	E	Ş	M	G	Ü	M	Ö	E	S
Z	Ü	Z	L	C	E	T	I	Q	E	T	A	Z	B	N
İ	R	M	N	B	L	İ	F	P	N	R	N	E	A	Z
K	Ö	T	U	M	Z	Z	I	H	L	Ü	İ	L	S	A
O	Y	K	R	B	D	M	G	J	E	S	D	L	I	M
Z	R	G	R	L	E	A	A	T	R	R	M	İ	N	A
G	E	N	I	Ş	L	E	M	E	J	Z	E	K	Ç	N
M	E	K	A	N	İ	K	Q	L	U	F	R	L	N	V
G	E	V	R	E	N	S	E	L	S	H	K	E	J	Q
U	J	F	O	C	C	H	F	C	A	Y	E	R	N	Q
K	G	C	L	A	R	L	K	S	M	U	Z	H	V	Z

MESAFE
EKSEN
MERKEZ
BASINÇ
DİNAMİK
ÖZELLİKLER
KEŞİF
GENİŞLEME
HIZ
AĞIRLIK
MANYETİZMA
MEKANİK
YÖRÜNGE
FİZİK
GEZEGENLER
SÜRTÜNME
EVRENSEL
ZAMAN

22 - Restaurant #2

B	D	K	B	H	P	S	B	A	H	A	R	A	T	Ç
U	V	H	K	I	Ş	A	K	F	G	C	N	I	O	A
M	Y	R	Y	Y	Y	L	E	S	P	L	D	I	V	T
G	A	G	D	P	F	A	M	E	Z	E	T	U	Z	A
Z	O	K	Z	N	A	T	R	U	M	U	Y	L	L	L
G	A	R	S	O	N	A	S	A	N	D	A	L	Y	E
H	R	E	L	E	Z	B	E	S	G	V	B	G	N	U
K	N	O	R	E	R	V	R	B	U	Z	E	R	E	C
T	M	O	D	İ	Z	P	U	B	A	L	I	K	G	R
D	O	H	A	K	Ş	Z	Ç	O	R	B	A	V	N	Q
M	E	Y	V	E	E	T	E	S	U	Z	F	I	P	E
H	I	K	J	T	N	K	E	T	R	L	S	Z	I	L
L	Y	C	E	Z	Q	N	M	M	L	V	R	C	J	K
Y	E	N	Y	I	I	V	Q	K	L	I	V	U	N	F
P	R	A	O	A	M	B	Z	U	C	Q	F	V	A	Q

YUMURTA
BUZ
BALIK
MEYVE
ÇATAL
SEBZELER
BAHARAT
GARSON
LEZZETLI

KEK
KAŞIK
ERİŞTE
SALATA
TUZ
SANDALYE
ÇORBA
MEZE
SU

23 - Schokolade

T	P	K	I	R	E	Ç	I	V	F	M	U	H	K	S
B	R	K	A	P	M	T	A	Y	V	G	U	Z	A	K
O	B	N	I	L	T	A	T	A	A	Y	N	A	L	R
K	P	I	M	U	I	P	E	N	Z	C	N	R	O	P
Ş	E	K	E	R	R	T	J	T	A	T	I	O	R	U
L	M	T	L	B	O	E	E	İ	N	O	G	M	İ	L
Y	P	F	Z	N	V	Z	N	O	A	Z	G	A	R	E
C	E	E	Ö	R	A	Z	E	K	A	R	P	T	Q	Z
L	U	M	U	D	F	E	G	S	T	C	P	U	K	Z
Q	U	C	E	T	F	L	Z	İ	F	T	I	U	U	E
I	P	V	S	K	C	A	O	D	Z	B	Q	P	K	T
K	A	R	A	M	E	L	T	A	K	A	K	A	O	L
E	P	A	K	L	F	M	I	N	A	J	N	F	Z	I
F	Y	T	O	S	K	I	K	U	I	H	H	O	Z	Z
T	G	O	O	M	P	N	A	C	R	H	A	Y	A	Z

ANTİOKSİDAN
AROMA
ACI
YEMEK
EGZOTIK
FAVORI
LEZZET
ZANAAT
KAKAO

KALORİ
KARAMEL
LEZZETLI
TOZ
KALITE
TATLI
ÖZLEM
ŞEKER
IÇERIK

24 - Boote

H	C	E	Y	H	M	C	G	Y	E	L	G	N	F	M
G	M	D	F	B	A	J	E	C	H	P	I	K	D	Ü
O	P	Z	D	E	N	İ	Z	K	A	N	O	O	K	R
S	L	I	R	O	T	O	M	O	S	A	L	R	İ	E
İ	L	N	E	K	L	E	Y	F	T	K	I	P	L	T
J	S	E	J	Y	U	R	G	Ö	L	L	Z	Y	İ	T
D	Y	D	D	A	R	I	D	N	A	M	A	Ş	C	E
H	A	R	F	N	F	H	K	D	J	Q	P	L	Z	B
F	D	L	Q	U	L	E	A	V	O	E	A	P	İ	A
P	K	D	G	S	T	N	R	R	F	K	Ç	N	N	T
K	V	N	G	A	E	K	M	İ	C	Z	İ	N	E	D
U	J	R	J	T	L	Y	T	Z	B	E	H	R	D	A
F	G	Z	I	A	F	A	E	U	N	O	N	S	M	J
D	İ	R	E	K	U	Y	R	Y	U	O	T	A	Y	K
C	N	B	F	K	K	T	A	G	V	N	Z	F	H	R

ÇAPA
ŞAMANDIRA
MÜRETTEBAT
DOK
FERİBOT
SAL
NEHIR
KANO
DENİZCİLİK
DİREK
DENIZ
MOTOR
DENİZ
OKYANUS
GÖL
DENİZCİ
YELKENLİ
IP
DALGALAR
YAT

25 - Stadt

S	D	R	P	B	E	C	K	V	T	A	Y	G	L	T
H	İ	R	E	L	A	G	L	E	T	O	M	Ü	Z	E
T	R	N	I	R	I	F	İ	A	Q	M	K	U	O	K
Z	R	S	E	L	F	J	N	D	H	E	V	Q	C	R
I	Z	H	D	M	M	Y	İ	E	C	Z	A	N	E	A
T	O	K	K	J	A	O	K	Ç	S	A	L	O	N	M
Z	K	N	S	O	R	T	A	Y	İ	T	D	R	I	R
D	U	R	E	S	T	O	R	A	N	Ç	Y	F	G	E
D	L	K	Ü	T	Ü	P	H	A	N	E	E	O	Q	P
K	İ	T	A	P	Ç	I	G	T	P	R	Z	K	O	Ü
R	Z	E	K	G	U	T	P	O	D	A	C	G	Ç	S
J	O	I	N	G	C	D	A	N	R	T	Z	T	O	İ
H	A	V	A	L	İ	M	A	N	I	F	E	A	G	T
E	C	I	B	T	J	S	T	A	D	Y	U	M	R	P
Ü	N	I	V	E	R	S	I	T	E	N	U	T	N	Q

ECZANE
BANKA
FIRIN
KÜTÜPHANE
ÇİÇEKÇİ
KİTAPÇI
HAVALİMANI
GALERİ
OTEL
SİNEMA

KLİNİK
PAZAR
MÜZE
RESTORAN
SALON
OKUL
STADYUM
SÜPERMARKET
TİYATRO
ÜNIVERSITE

26 - Aktivitäten

E	D	J	Y	S	A	D	R	Y	O	Y	T	S	P	I
N	Q	F	Ü	I	B	R	A	U	I	J	G	B	Z	R
N	Q	R	R	H	R	I	N	U	A	E	E	A	K	A
Z	C	Y	Ü	I	K	E	V	H	Y	M	Z	H	O	H
B	N	V	Y	R	E	L	C	D	L	O	I	Ç	T	A
P	O	L	Ü	P	I	T	I	E	D	Q	U	I	Ö	T
E	O	Ş	Ş	R	K	V	K	B	B	B	M	V	R	L
L	K	İ	M	A	R	E	S	D	M	T	P	A	M	A
S	I	K	I	L	I	Ç	K	I	L	A	B	N	E	M
S	L	İ	K	N	P	D	R	P	C	N	G	L	T	A
Q	I	D	A	U	R	A	T	G	B	A	I	I	V	M
N	C	I	C	Y	I	N	M	K	M	S	B	K	P	T
O	V	J	Y	O	Q	S	T	U	S	F	G	V	E	Y
U	A	M	A	Y	O	B	S	C	K	V	E	Z	K	I
E	K	I	L	I	Ç	F	A	R	Ğ	O	T	O	F	I

BALIKÇILIK
RAHATLAMA
BECERI
FOTOĞRAFÇILIK
BOŞ
BAHÇIVANLIK
BOYAMA
AVCILIK
SERAMİK
SANAT
OKUMA
SIHIR
DİKİŞ
OYUNLAR
ÖRME
DANS
ZEVK
YÜRÜYÜŞ

27 - Bienen

K	G	D	S	V	O	B	B	G	A	B	F	G	S	R
I	R	I	N	L	M	A	S	D	N	U	Ö	Q	B	E
L	A	A	D	H	Q	H	L	P	Q	J	D	C	M	L
I	L	Y	L	A	B	Ç	G	C	I	G	J	F	E	İ
L	T	C	A	I	O	E	Z	Q	B	U	H	E	T	K
T	A	E	R	N	Ç	M	H	M	D	A	F	I	S	T
I	N	E	L	O	P	E	D	P	U	Z	Y	K	İ	İ
Ş	A	K	V	H	K	U	M	U	M	L	A	B	S	B
E	K	F	A	Y	D	A	L	I	A	I	T	K	O	Y
Ç	N	L	U	N	Y	G	B	H	N	R	Z	A	K	F
P	Z	B	U	C	T	G	J	Q	S	G	O	Q	E	L
Q	T	O	Z	L	A	Y	I	C	I	Ü	B	U	P	D
T	I	T	G	Q	Ç	İ	Ç	E	K	N	A	V	O	K
M	E	Y	V	E	J	R	E	L	K	E	Ç	İ	Ç	B
Y	G	T	S	Ü	R	Ü	M	G	V	Ş	N	F	L	C

TOZLAYICI
KOVAN
ÇİÇEKLER
ÇİÇEK
GIDA
KANATLAR
MEYVE
BAHÇE
BAL
BÖCEK

KRALİÇE
EKOSİSTEM
BİTKİLER
POLEN
DUMAN
SÜRÜ
GÜNEŞ
ÇEŞITLILIK
FAYDALI
BALMUMU

28 - Wissenschaftliche Disziplinen

O	A	E	Z	İ	J	O	L	O	R	Ö	N	B	Z	I
O	N	K	O	M	A	R	K	E	O	L	O	J	İ	M
A	A	O	O	M	Y	B	İ	Y	O	L	O	J	İ	Z
I	T	L	L	Ü	M	F	İ	Z	Y	O	L	O	J	İ
A	O	O	O	N	I	P	S	İ	K	O	L	O	J	İ
E	M	J	J	O	K	B	İ	Y	O	K	İ	M	Y	A
M	İ	İ	İ	L	G	F	J	I	R	K	K	I	O	D
Z	E	İ	J	O	L	A	R	E	N	İ	M	T	D	İ
D	L	K	O	J	E	O	J	B	O	A	P	G	B	L
I	G	D	A	İ	D	E	U	U	O	L	A	Q	Y	B
C	İ	M	O	N	O	R	T	S	A	T	O	H	R	İ
C	G	M	A	M	İ	Z	G	G	V	O	A	J	T	L
K	R	Q	N	B	K	K	F	Y	V	O	P	N	İ	İ
T	E	R	M	O	D	İ	N	A	M	İ	K	G	İ	M
S	O	S	Y	O	L	O	J	İ	K	Z	Z	S	G	K

ANATOMİ
ARKEOLOJİ
ASTRONOMİ
BİYOKİMYA
BİYOLOJİ
BOTANİK
KIMYA
JEOLOJİ
İMMÜNOLOJİ
DİLBİLİM
MEKANİK
MİNERALOJİ
NÖROLOJİ
EKOLOJİ
FİZYOLOJİ
PSİKOLOJİ
SOSYOLOJİ
TERMODİNAMİK
ZOOLOJİ

29 - Vögel

E	L	P	L	B	C	Y	P	V	K	S	V	C	F	F
O	H	V	E	Q	K	A	H	A	K	U	V	A	T	Y
Z	L	A	O	N	J	V	Z	D	P	V	Z	A	K	F
Ö	R	D	E	K	G	Z	T	G	B	A	O	G	N	R
K	A	R	G	A	K	U	G	U	G	T	Ğ	L	U	H
V	C	A	F	K	Y	O	E	K	U	Ğ	U	A	O	N
F	L	A	M	İ	N	G	O	N	L	Q	E	Q	N	L
Y	U	M	U	R	T	A	L	B	A	Y	K	U	Ş	E
M	N	R	A	N	N	M	A	R	T	I	S	R	V	Y
F	B	R	G	A	F	Y	P	O	R	J	E	P	A	L
B	A	L	I	K	Ç	I	L	Y	A	C	R	D	Y	E
Z	Q	Y	A	İ	N	H	A	P	K	V	Ç	O	B	K
S	I	U	L	L	B	E	A	M	U	V	E	C	Z	M
D	C	O	U	E	G	Ü	V	E	R	C	İ	N	S	J
G	E	J	G	P	B	R	U	R	Q	N	C	P	M	P

KARTAL
YUMURTA
ÖRDEK
BAYKUŞ
FLAMİNGO
KAZ
TAVUK
KARGA
GUGUK
MARTI
PAPAĞAN
PELİKAN
TAVUS
PENGUEN
KUZGUN
BALIKÇIL
KUĞU
SERÇE
LEYLEK
GÜVERCİN

30 - Biologie

A	Y	Z	F	M	D	K	H	A	Z	Z	D	H	C	Y
N	İ	E	T	O	R	P	R	L	K	Z	O	Ü	H	E
A	O	O	I	J	D	I	S	O	I	I	Ğ	C	O	S
T	K	R	D	B	P	G	N	R	M	H	A	R	R	E
O	Z	Q	Ö	R	L	R	O	I	T	O	L	E	M	G
M	Y	Y	I	N	I	H	Y	L	S	F	Z	F	O	M
İ	E	V	R	I	M	N	İ	G	P	D	Z	O	N	K
B	İ	T	K	İ	L	E	R	U	A	K	I	I	M	H
D	H	U	J	L	T	J	B	N	N	V	B	L	L	O
S	C	B	U	O	M	A	M	H	İ	E	N	Z	İ	M
A	Z	Z	M	H	S	L	E	R	S	O	M	Z	O	R
B	U	D	C	R	N	O	Y	S	A	T	U	M	F	C
G	S	M	S	Z	L	K	S	Ü	R	Ü	N	G	E	N
S	Y	M	B	İ	O	S	İ	S	M	E	M	E	L	İ
F	O	T	O	S	E	N	T	E	Z	V	I	J	S	Y

ANATOMİ
KROMOZOM
EMBRİYO
ENZİM
EVRIM
HORMON
KOLAJEN
MUTASYON
DOĞAL
SINIR
NÖRON
OZMOS
BİTKİLER
FOTOSENTEZ
PROTEİN
SÜRÜNGEN
MEMELİ
SYMBİOSİS
SİNAPS
HÜCRE

31 - Garten

O	F	J	R	S	D	J	Ç	B	G	J	H	C	G	A
V	E	R	A	N	D	A	I	A	Ö	I	O	T	J	C
N	K	C	B	R	Y	T	M	N	L	N	R	I	L	Q
K	Ü	R	E	K	A	E	E	K	E	G	T	I	Ç	L
R	L	Z	O	L	D	G	N	C	T	A	U	A	Q	F
T	O	P	R	A	K	I	M	R	I	T	M	V	K	F
M	G	I	D	B	H	Z	K	O	A	K	D	R	I	L
T	R	A	M	B	O	L	İ	N	A	L	Y	N	B	E
I	N	D	P	Ç	A	L	I	A	S	V	T	I	A	E
H	R	K	J	N	P	P	M	H	G	N	I	O	H	E
O	S	S	Z	C	V	T	G	P	A	U	B	O	Ç	D
H	A	M	A	K	E	Ç	I	Ç	I	P	J	Z	E	M
S	R	Q	B	T	O	I	A	V	T	T	Y	M	Y	N
Q	E	B	R	F	E	N	M	Ğ	M	K	U	G	H	U
L	T	Y	G	O	Q	Y	Z	U	A	K	O	O	B	U

BANK
AĞAÇ
ÇIÇEK
TOPRAK
ÇALI
GARAJ
BAHÇE
ÇIMEN
HAMAK

TIRMIK
KÜREK
HORTUM
GÖLET
TERAS
TRAMBOLİN
OTLAR
VERANDA
ÇIT

32 - Antarktis

N	G	T	K	O	R	U	M	A	A	I	T	M	C	T
O	F	F	O	B	I	L	I	M	S	E	L	İ	O	Z
A	Y	N	U	P	A	G	K	O	Y	C	B	N	Ğ	B
H	L	D	L	H	O	E	G	K	A	R	J	E	R	J
Q	H	A	M	J	M	Ğ	V	N	F	N	N	R	A	C
S	O	S	E	F	E	R	R	B	V	L	Z	A	F	U
Ç	E	V	R	E	K	I	L	A	Y	A	K	L	Y	Q
J	N	T	Q	J	I	N	P	T	F	R	E	L	A	B
A	O	R	Z	G	L	A	I	I	R	Y	N	E	K	U
U	O	V	H	Y	K	K	C	K	T	S	A	R	T	Z
O	R	A	L	R	A	G	Z	Ü	R	C	U	I	V	U
U	J	A	B	I	C	H	A	V	A	G	Ö	Ç	K	L
A	R	A	Ş	T	I	R	M	A	C	I	B	U	Z	L
Y	D	J	H	M	S	K	U	Ş	L	A	R	C	C	A
A	Y	A	R	I	M	A	D	A	G	N	I	J	H	R

KOY
BUZ
KORUMA
SEFER
KAYALIK
ARAŞTIRMACI
COĞRAFYA
BUZULLAR
YARIMADA
KITA

GÖÇ
MİNERALLER
SICAKLIK
TOPOĞRAFYA
ÇEVRE
KUŞLAR
SU
HAVA
RÜZGARLAR
BILIMSEL

33 - Fahren

U	H	M	M	N	P	H	A	T	İ	R	A	H	F	B
M	R	O	T	O	M	I	T	Y	Ü	P	I	E	R	Y
B	D	T	Z	F	D	Z	B	E	A	N	C	O	E	J
U	N	O	Y	M	A	K	G	N	H	K	E	D	N	T
E	T	S	İ	L	O	P	A	P	N	L	I	L	L	V
C	Z	İ	T	R	A	F	İ	K	B	M	I	T	E	F
I	O	K	O	E	B	D	M	B	T	N	V	K	R	R
V	U	L	G	N	U	C	Y	F	P	H	S	T	E	N
E	Q	E	E	K	B	U	Q	I	Q	T	J	J	V	L
S	E	T	O	T	O	B	Ü	S	N	A	S	İ	L	O
T	A	Ş	I	M	A	C	I	L	I	K	J	G	R	O
K	A	Z	A	B	A	R	A	K	U	K	A	Z	I	D
U	T	K	E	M	N	İ	Y	E	T	I	R	P	N	D
Z	P	D	H	S	D	K	L	B	H	D	A	E	F	V
H	J	Y	E	R	T	E	R	Y	U	K	G	A	Z	C

ARABA
FRENLER
YAKIT
OTOBÜS
GARAJ
GAZ
TEHLIKE
HIZ
HARİTA
LİSANS
KAMYON
MOTOR
MOTOSİKLET
POLİS
EMNİYET
TAŞIMACILIK
TÜNEL
KAZA
TRAFİK
DIKKAT

34 - Physik

C	M	S	P	Z	D	E	D	F	T	Y	M	E	S	K
B	O	E	J	A	L	E	J	A	V	K	O	V	I	O
P	T	S	K	G	R	Y	N	M	P	I	L	R	K	H
O	A	I	T	A	L	T	G	E	I	T	E	E	L	U
I	J	O	U	I	N	C	İ	G	Y	L	K	N	I	M
K	A	O	S	P	P	İ	F	K	F	E	Ü	S	K	O
E	Z	M	R	H	G	U	K	K	Ü	K	L	E	U	T
G	Ö	R	E	L	I	L	I	K	T	L	Q	L	L	O
K	I	M	Y	A	S	A	L	I	C	Ü	D	N	N	R
M	A	N	Y	E	T	İ	Z	M	A	M	N	V	U	E
E	L	E	K	T	R	O	N	C	T	R	A	J	Ğ	E
D	O	L	O	P	C	S	M	P	R	O	Q	B	O	L
H	I	Z	L	A	N	M	A	L	A	F	N	D	Y	K
P	G	I	E	F	F	D	B	O	Y	G	E	E	S	Ü
C	D	H	V	C	G	U	M	C	H	L	V	S	F	N

ATOM
HIZLANMA
KAOS
KIMYASAL
YOĞUNLUK
ELEKTRON
DENEY
FORMÜL
SIKLIK
GAZ
HIZ
MANYETİZMA
KITLE
MEKANİK
MOLEKÜL
MOTOR
NÜKLEER
PARTİKÜL
GÖRELILIK
EVRENSEL

35 - Bücher

Y	R	A	S	Y	A	Z	A	R	N	C	N	M	İ	Z
A	O	N	Q	A	Q	D	İ	L	İ	G	L	İ	K	B
R	M	L	E	A	Y	L	A	Ş	I	I	R	Z	İ	H
A	A	A	K	S	K	F	F	N	L	A	M	A	L	D
T	N	T	L	C	F	M	A	E	I	Q	Q	H	İ	E
I	A	I	F	Ğ	L	E	C	N	Z	S	A	İ	K	A
C	T	C	F	O	A	D	D	P	A	T	A	R	İ	H
I	S	I	U	R	H	B	S	E	Y	U	I	N	F	K
F	E	M	A	C	E	R	A	Ö	B	C	S	Z	B	H
V	D	O	Q	M	O	A	A	Y	S	Î	H	U	D	M
A	O	H	K	D	N	Y	V	K	S	Z	C	N	I	T
O	K	U	Y	U	C	U	I	Ü	C	V	G	S	Z	K
T	J	K	O	L	E	K	S	I	Y	O	N	Z	I	I
G	S	Z	R	G	P	U	A	Q	O	N	B	F	T	A
Y	Y	K	U	M	G	S	M	Z	T	R	A	J	İ	K

MACERA
YAZAR
İKİLİK
DESTAN
YARATICI
ANLATICI
ÖYKÜ
YAZILI
TARİH
MİZAHİ
KOLEKSIYON
BAĞLAM
OKUYUCU
EDEBÎ
ŞIIR
İLGİLİ
ROMAN
SAYFA
DIZI
TRAJİK

36 - Menschlicher Körper

B	O	Y	U	N	U	R	U	B	F	Ş	A	B	V	J
M	C	E	D	A	Q	Ç	E	N	E	D	Y	C	L	B
O	Q	Q	D	K	F	I	B	U	U	I	A	Q	F	M
I	R	B	I	A	K	F	Z	N	L	L	K	J	V	O
K	Q	N	N	L	P	L	A	K	Q	G	B	P	U	M
A	N	Y	I	U	E	A	F	P	F	S	I	P	J	U
C	I	L	T	K	H	L	R	E	G	N	L	K	A	Z
A	Ğ	I	Z	J	S	Z	E	M	B	N	E	D	V	G
B	A	K	Ü	U	Z	Q	K	R	A	O	Ğ	I	O	N
A	B	D	Y	O	C	V	C	M	F	K	I	R	Z	V
P	B	L	T	M	Q	D	K	V	H	U	M	S	P	R
B	H	B	N	I	Y	E	B	J	D	I	Z	E	S	M
B	K	D	L	D	N	L	L	P	I	U	N	K	Y	O
P	C	H	L	E	E	C	A	D	Y	L	J	H	C	Y
T	K	A	B	F	G	I	Y	K	H	T	K	I	L	M

BACAK
KAN
DIRSEK
PARMAK
BEYIN
YÜZ
BOYUN
EL
CILT
KALP

ÇENE
DIZ
AYAK BILEĞI
BAŞ
MIDE
AĞIZ
BURUN
KULAK
OMUZ
DIL

37 - Agronomie

L	Y	E	E	T	C	N	G	T	J	Q	S	N	U	S
Y	A	D	I	G	G	O	Ü	E	O	M	V	K	B	E
E	P	S	Ç	O	M	Y	B	N	D	P	I	L	P	B
C	I	R	R	E	T	Z	R	E	F	Y	R	O	O	Z
A	M	J	U	I	V	O	E	R	I	F	T	A	M	E
H	I	G	I	R	K	R	T	J	J	U	I	G	K	L
E	R	Z	N	C	I	E	E	I	M	A	V	P	V	E
K	A	F	L	Q	L	B	İ	T	K	İ	L	E	R	R
O	T	M	I	L	I	B	Ü	Y	Ü	M	E	R	F	A
L	J	O	R	A	L	K	I	L	A	T	S	A	H	I
O	Y	K	H	R	R	R	E	O	Y	Q	S	L	C	I
J	V	U	D	B	I	I	E	L	M	R	D	N	O	G
İ	O	M	B	C	K	İ	N	A	G	R	O	S	T	F
J	G	A	M	R	I	T	Ş	A	R	A	U	C	C	E
Y	E	K	H	M	T	F	Z	D	S	O	Q	Y	G	R

TOPRAK
GÜBRE
ENERJI
EROZYON
GIDA
ARAŞTIRMA
SEBZELER
HASTALIKLAR
TARIM
KIRSAL

ORGANİK
EKOLOJİ
BİTKİLER
YAPIM
OKUMAK
ÇEVRE
KIRLILIK
BÜYÜME
SU
BILIM

38 - Landschaften

O	E	Y	J	J	Z	V	D	N	K	R	A	V	A	Y
V	O	L	K	A	N	A	G	E	E	F	M	A	L	I
Ç	Ö	L	L	L	N	H	Q	L	N	H	F	D	K	V
R	T	G	B	P	D	A	C	A	M	I	I	I	Q	N
I	T	V	A	H	Y	K	G	L	S	A	Z	R	V	D
L	G	M	D	T	K	H	P	E	H	D	P	A	Z	G
M	V	T	A	E	R	M	T	Ş	N	A	S	S	P	E
A	B	U	C	P	U	D	A	Ğ	L	M	V	B	B	K
Z	P	I	M	E	V	A	V	R	Y	I	F	L	M	V
D	R	Q	A	Y	K	J	Z	E	F	R	Ö	K	L	A
B	U	Z	U	L	F	B	U	Z	D	A	Ğ	I	M	P
B	A	T	A	K	L	I	K	Y	Z	Y	O	R	J	B
T	U	N	D	R	A	Ö	M	A	R	A	Ğ	A	M	T
N	P	F	R	Z	D	E	G	G	T	K	P	K	B	F
Q	Z	K	P	F	U	E	T	I	K	K	K	K	Y	S

DAĞ
BUZDAĞI
NEHIR
GAYZER
BUZUL
KÖRFEZ
YARIMADA
MAĞARA
TEPE
ADA
DENIZ
VAHA
GÖL
PLAJ
BATAKLIK
VADI
TUNDRA
VOLKAN
ŞELALE
ÇÖL

39 - Abenteuer

G	E	Z	I	F	E	D	E	H	S	G	Ş	K	V	N
I	H	V	T	H	I	N	E	Y	E	E	A	I	D	D
J	A	C	H	E	Q	R	R	D	F	A	Ş	Q	Z	P
T	Z	B	H	R	Y	C	S	U	E	D	I	D	V	G
I	I	E	L	M	U	İ	Q	A	R	J	R	R	S	Ü
C	R	K	P	Z	Ş	A	N	S	T	I	T	U	R	Z
E	L	L	U	H	I	G	T	M	P	B	I	H	A	E
S	I	I	L	E	K	I	L	H	E	T	C	E	L	L
A	K	V	S	D	O	Ğ	A	P	E	F	I	V	Ş	L
R	U	L	N	E	A	Z	L	E	O	L	J	E	A	I
E	L	S	N	D	V	K	Q	N	T	U	G	S	D	K
T	R	I	R	L	Z	İ	G	Ü	Z	E	R	G	A	H
P	O	U	K	K	O	N	N	Z	K	K	E	K	K	G
L	Z	L	S	L	I	K	E	Ç	V	H	T	P	R	M
D	O	L	A	Ğ	A	N	D	I	Ş	I	G	O	A	E

GEZI
HEVES
ŞANS
SEVİNÇ
ARKADAŞLAR
TEHLIKELI
FIRSAT
DOĞA
SEFER
YENI
GÜZERGAH
GÜZELLIK
ZORLUK
EMNİYET
CESARET
OLAĞAN DIŞI
ŞAŞIRTICI
HAZIRLIK
HEDEF

40 - Flugzeuge

H	I	R	A	T	G	Q	N	T	U	L	H	Y	U	L
F	A	H	Z	I	Ö	M	Z	F	A	E	O	J	H	D
U	C	V	J	K	K	T	G	D	K	Q	V	Y	L	J
P	Y	Q	A	A	Y	Y	O	L	C	U	T	G	A	C
M	Ü	R	R	Y	Ü	I	P	A	Y	P	H	T	J	C
Ü	K	O	E	K	Z	N	O	L	A	B	R	J	M	Q
R	S	T	C	F	Ü	I	K	K	Z	C	C	O	P	U
E	E	O	A	Ş	S	Ş	V	B	I	M	P	Y	U	Y
T	K	M	M	İ	D	O	P	J	Q	Z	U	V	Ö	V
T	L	Z	O	Ş	Q	N	M	I	R	A	S	A	T	N
E	I	C	Q	İ	G	H	Q	T	O	L	İ	P	P	K
B	K	J	T	R	P	E	R	V	A	N	E	N	H	E
A	O	H	N	M	H	T	Ü	R	B	Ü	L	A	N	S
T	N	E	N	E	J	O	R	D	İ	H	K	L	R	O
P	C	L	J	K	S	P	J	G	Q	V	C	E	D	U

MACERA
INIŞ
ATMOSFER
ŞİŞİRMEK
BALON
YAKIT
MÜRETTEBAT
TASARIM
TARIH
GÖKYÜZÜ
YÜKSEKLIK
YAPI
HAVA
MOTOR
YOLCU
PİLOT
PERVANE
YÖN
TÜRBÜLANS
HİDROJEN

41 - Haartypen

K	S	S	A	R	I	Ş	I	N	H	J	T	R	S	K
A	A	T	K	H	R	O	H	D	Ü	T	D	K	Q	G
H	Ğ	J	T	Y	F	N	L	A	G	A	V	H	O	N
V	L	E	Z	Q	T	B	G	S	R	E	N	K	L	İ
E	I	L	A	G	L	A	D	I	Ö	E	G	H	V	Q
R	K	M	S	S	F	G	V	N	U	U	D	D	O	N
E	L	T	K	I	L	R	G	C	J	L	O	R	Y	G
N	I	S	A	I	Y	İ	N	E	Y	E	F	C	R	D
G	G	I	Ş	U	V	A	F	Q	M	Q	S	K	B	T
I	Ü	O	U	Z	Y	I	H	N	M	T	C	C	E	H
L	M	M	M	O	N	U	R	P	A	R	L	A	K	L
H	Ü	F	U	B	F	Z	C	C	B	J	V	A	R	P
V	Ş	G	Y	F	F	U	N	G	I	D	B	S	S	Q
Ö	R	G	Ü	L	Ü	N	I	L	A	K	K	I	S	A
B	E	Y	A	Z	K	U	R	U	D	Q	L	V	Y	D

SARIŞIN
KAHVERENGI
KALIN
INCE
RENKLİ
ÖRGÜLÜ
SAĞLIKLI
PARLAK
GRİ
KEL
KISA
UZUN
KIVIRCIK
SIYAH
GÜMÜŞ
KURU
YUMUŞAK
BEYAZ
DALGALI
ÖRGÜ

42 - Essen #1

P	Ş	R	F	C	L	D	R	K	Q	Y	N	F	M	S
Y	S	E	B	I	J	D	L	D	S	T	Y	S	E	Y
A	V	K	K	A	S	M	I	R	A	S	L	Ü	Y	Z
R	Q	I	E	E	U	T	L	İ	M	O	N	T	V	F
M	S	L	Z	L	R	C	I	L	A	S	A	B	E	V
U	N	A	Z	H	İ	Z	R	K	G	H	Ğ	O	S	M
T	E	B	T	A	R	Ç	I	N	L	T	O	E	U	P
J	Ğ	B	I	B	H	V	K	V	A	Y	S	P	Y	Q
K	E	O	A	R	U	N	S	V	Ş	J	I	I	U	A
G	L	J	C	O	R	K	C	I	V	O	L	S	K	M
Q	S	E	J	Ç	N	K	K	E	C	O	E	P	T	I
T	E	M	Z	U	T	H	E	Q	R	L	Y	A	D	V
R	F	Q	E	V	H	A	K	C	M	U	R	N	N	A
U	C	G	S	A	L	A	T	A	Z	O	Z	A	C	Q
P	K	H	F	H	R	U	Z	V	Y	Z	K	K	N	V

FESLEĞEN
ARMUT
ÇİLEK
FISTIK
ET
KAHVE
HAVUÇ
SARIMSAK
SÜT
ŞALGAM
MEYVE SUYU
SALATA
TUZ
ISPANAK
ÇORBA
BALIK
TARÇIN
LİMON
ŞEKER
SOĞAN

43 - Ethik

R	K	T	E	A	D	I	İ	M	İ	G	U	E	B	J
T	İ	V	T	D	E	S	N	E	Ş	E	P	J	Ü	D
S	L	B	I	Y	Ğ	A	S	R	B	R	F	O	T	İ
F	İ	Q	L	F	E	Y	A	H	İ	Ç	Q	D	Ü	P
P	C	R	A	Y	R	G	N	A	R	E	G	Ü	N	L
F	Y	K	N	B	L	I	L	M	L	K	H	R	L	O
K	E	I	O	K	E	L	I	E	İ	Ç	R	Ü	Ü	M
H	R	L	Y	I	R	I	K	T	Ğ	İ	M	S	K	A
Q	İ	I	S	L	A	J	L	C	İ	L	A	T	N	T
T	B	C	A	E	S	A	B	I	R	İ	K	L	E	İ
C	G	E	R	G	F	L	Q	N	K	K	U	Ü	Z	K
Z	Y	G	C	L	A	E	V	S	T	F	L	K	A	Y
A	Z	Z	U	I	T	O	L	E	R	A	N	S	K	L
V	H	Ö	H	B	H	A	Y	S	I	Y	E	T	E	H
I	Y	I	M	S	E	R	L	I	K	V	N	Z	T	U

ÖZGECILIK
DİPLOMATİK
DÜRÜSTLÜK
NEZAKET
SABIR
BİREYCİLİK
BÜTÜNLÜK
İNSANLIK
MERHAMET
IYIMSERLIK
FELSEFE
RASYONALITE
GERÇEKÇİLİK
SAYGILI
TOLERANS
MAKUL
BILGELIK
DEĞERLER
HAYSIYET
İŞBİRLİĞİ

44 - Gebäude

N	R	O	K	R	B	P	O	N	Ç	T	U	S	O	T
P	A	Y	K	A	O	V	S	F	I	E	Z	Ü	M	G
G	A	R	A	J	B	O	L	R	F	K	J	G	Y	I
Ç	A	D	I	R	O	İ	Z	I	T	R	I	O	F	Q
E	L	Ç	İ	L	İ	K	N	L	L	A	P	E	J	J
A	G	B	S	L	A	Z	H	H	I	M	V	V	I	L
U	K	U	L	E	K	A	P	A	K	R	T	F	J	M
L	O	I	J	T	E	T	I	S	R	E	V	I	N	Ü
A	F	Z	R	O	C	K	L	T	L	P	K	F	C	L
E	N	G	I	B	S	S	P	A	L	Ü	O	K	U	L
B	M	C	H	E	A	İ	A	N	V	S	V	D	I	S
U	V	B	A	K	H	F	N	E	Y	Q	Z	C	L	M
S	T	A	D	Y	U	M	C	E	P	O	K	C	U	E
G	B	T	İ	Y	A	T	R	O	M	S	C	D	L	O
P	A	N	S	İ	Y	O	N	M	G	A	H	A	O	U

ÇIFTLIK
ELÇİLİK
FABRIKA
GARAJ
PANSİYON
OTEL
KABİN
SİNEMA
HASTANE

MÜZE
AHIR
OKUL
STADYUM
SÜPERMARKET
TİYATRO
KULE
ÜNIVERSITE
ÇADIR

45 - Essen #2

Y	D	B	B	T	U	N	L	Y	C	M	U	Z	D	K
S	K	Q	G	J	D	O	B	A	C	E	K	A	V	U
K	E	R	E	V	İ	Z	C	V	A	D	C	R	T	Ş
H	N	I	K	S	V	L	E	I	J	A	T	I	C	K
P	I	R	I	N	Ç	H	C	Q	Y	B	N	K	R	O
O	F	K	Z	B	R	H	Y	U	M	U	R	T	A	N
F	Y	E	E	E	A	T	A	L	O	K	İ	Ç	T	M
J	A	M	B	O	N	L	P	E	D	O	M	S	N	A
C	D	K	R	T	İ	K	I	E	J	E	S	H	A	Z
G	Ğ	E	E	R	G	N	Q	K	Y	G	L	L	M	H
Y	U	B	D	U	N	C	Y	A	K	N	Z	M	Y	L
M	B	G	S	Ğ	E	J	M	R	Z	F	I	D	A	M
F	F	D	D	O	M	A	T	E	S	A	Z	R	R	A
T	T	A	O	Y	P	A	T	L	I	C	A	N	G	R
B	R	O	K	O	L	İ	A	L	O	U	N	M	O	E

ELMA
ENGİNAR
PATLICAN
MUZ
BROKOLİ
EKMEK
YUMURTA
BALIK
YOĞURT
PEYNIR

KIRAZ
BADEM
MANTAR
PIRINÇ
JAMBON
ÇİKOLATA
KEREVİZ
KUŞKONMAZ
DOMATES
BUĞDAY

46 - Energie

C	M	F	Q	T	I	K	A	Y	H	S	Z	P	E	K
M	H	B	E	V	Ü	U	M	T	U	E	U	P	N	A
F	V	D	K	L	I	R	T	S	Ü	D	N	E	T	R
D	L	B	İ	T	R	E	B	M	G	H	O	R	R	B
H	İ	D	R	O	J	E	N	İ	G	U	T	V	O	O
K	P	E	T	Z	G	L	Q	Q	N	I	O	E	P	N
R	L	E	K	A	Ü	K	K	C	B	L	F	Ç	İ	R
G	D	P	E	M	N	Ü	I	B	E	N	Z	İ	N	Ü
P	I	I	L	E	E	N	S	L	M	G	N	O	M	Z
O	H	L	E	S	Ş	L	I	P	I	O	C	N	A	G
E	L	E	K	T	R	O	N	S	Q	L	T	O	D	A
K	N	A	V	H	I	Y	C	O	K	H	R	O	G	R
K	I	A	V	O	H	Z	L	A	Z	O	L	I	R	O
Y	E	N	İ	L	E	N	E	B	İ	L	İ	R	K	D
Y	I	K	E	H	F	J	J	F	K	P	L	N	Y	V

PIL
BENZİN
YAKIT
MAZOT
ELEKTRİK
ELEKTRON
ENTROPİ
YENİLENEBİLİR
ISI
ENDÜSTRI

KARBON
MOTOR
NÜKLEER
FOTON
GÜNEŞ
TÜRBİN
ÇEVRE
KIRLILIK
HİDROJEN
RÜZGAR

47 - Familie

A	B	A	B	N	B	T	E	Y	Z	E	P	R	Q	K
M	K	T	T	E	Y	E	Ğ	E	N	N	N	E	S	V
C	O	A	U	Ğ	M	K	Ş	S	U	N	D	L	P	P
A	C	U	P	E	D	Ş	E	D	R	A	K	Z	I	K
L	A	I	O	Y	P	O	D	B	O	K	Q	İ	P	K
Ç	O	C	U	K	L	A	R	S	T	Ü	C	K	N	I
A	E	Q	O	E	U	A	A	S	I	Y	M	İ	M	Z
P	N	E	I	K	R	L	K	N	C	Ü	N	S	Z	E
K	Q	N	Y	R	Z	P	K	K	E	B	G	T	P	V
O	N	T	E	E	Z	T	E	U	K	U	Z	E	N	L
K	A	D	I	N	E	Ş	K	U	C	O	Ç	I	U	A
L	P	R	Y	E	U	A	R	N	Q	O	Y	G	M	T
M	L	E	E	T	E	S	E	N	I	G	Ç	G	N	V
P	Y	I	F	E	B	Ü	Y	Ü	K	B	A	B	A	S
L	F	C	P	E	Q	D	G	Y	P	N	P	H	Y	O

ERKEK KARDEŞ
KADIN EŞ
KOCA
TORUN
BÜYÜKANNE
BÜYÜK BABA
ÇOCUK
ÇOCUKLAR
ÇOCUKLUK
ANNE
ERKEK YEĞEN
YEĞEN
AMCA
KIZ KARDEŞ
TEYZE
KIZ EVLAT
BABA
KUZEN
ATA
İKİZLER

48 - Pflanzen

B	O	T	A	N	İ	K	G	A	S	U	U	A	Y	S
F	A	O	T	E	E	L	N	Ü	U	P	K	Ğ	O	A
A	I	N	A	M	R	O	D	L	B	T	J	A	S	R
S	I	K	F	I	T	N	U	A	M	R	P	Ç	U	M
U	C	O	G	Ç	O	Y	T	J	A	J	E	M	N	A
L	Y	K	G	L	F	E	P	N	B	H	K	K	Y	Ş
Y	D	R	G	G	S	O	H	M	E	E	C	Ö	B	I
E	H	G	P	H	I	A	C	S	C	M	B	K	A	K
E	J	S	Q	H	Q	Y	H	S	O	Ç	T	A	H	V
D	Z	Z	Ü	C	B	A	I	U	C	A	I	B	Ç	Y
Q	Ü	S	Ü	T	R	Ö	İ	K	T	İ	B	Ç	E	M
Y	A	P	R	A	K	İ	L	L	İ	Ş	E	Y	E	K
F	L	O	R	A	B	A	M	Ç	A	L	I	O	S	K
Y	K	Q	E	J	G	I	K	O	R	D	Z	B	U	H
C	H	G	C	P	M	S	E	D	F	V	R	U	H	C

BAMBU
AĞAÇ
DUT
ÇİÇEK
YAPRAK
FASULYE
BOTANİK
ÇALI
GÜBRE
SARMAŞIK
FLORA
BAHÇE
ÇIMEN
KAKTÜS
OT
YEŞİLLİK
YOSUN
BİTKİ ÖRTÜSÜ
ORMAN
KÖK

49 - Gewürze

B	N	O	S	A	N	A	Z	L	K	Y	N	M	P	D
K	A	R	A	N	F	İ	L	I	F	E	C	N	E	Z
A	R	K	R	I	J	I	M	L	V	Y	V	A	Z	U
S	F	J	I	Ç	N	F	E	T	A	J	E	Ğ	A	T
M	A	D	Ş	R	A	K	Y	A	N	P	M	O	J	L
I	S	K	K	A	M	Y	A	T	İ	J	J	S	H	Y
R	Z	Ö	E	T	E	I	N	Y	L	I	K	S	O	O
A	Y	R	E	B	I	B	Z	S	Y	S	J	A	B	A
S	L	İ	N	I	K	G	J	I	A	E	O	D	K	Z
R	C	E	E	T	D	H	J	I	B	N	E	P	N	J
B	Y	S	Z	İ	V	E	C	N	Y	İ	D	U	V	O
V	P	O	E	Z	G	G	A	M	A	A	B	B	U	S
V	L	M	R	Y	E	P	V	C	J	R	C	E	G	H
K	A	K	U	L	E	T	H	V	I	K	K	C	R	B
L	G	V	F	G	E	P	L	N	I	Z	H	B	N	O

ANASON
ACI
KÖRİ
REZENE
LEZZET
ZENCEFIL
KAKULE
SARIMSAK
MEYAN
CEVİZ
KARANFİL
KIRMIZI BİBER
BIBER
SAFRAN
TUZ
EKŞI
TATLI
VANİLYA
TARÇIN
SOĞAN

50 - Geschäft

Y	A	T	I	R	I	M	N	R	Y	I	I	Y	B	V
G	F	K	Ş	P	A	R	A	G	Ö	H	Ş	U	G	Q
I	T	M	I	R	I	D	N	I	N	S	H	L	K	V
T	Q	C	T	R	I	L	E	G	E	V	A	D	E	B
O	A	C	A	U	B	U	A	G	T	E	V	G	Ç	M
T	V	U	S	G	N	A	E	O	I	R	H	V	T	E
M	A	L	I	Y	E	T	F	F	C	G	K	S	Ü	K
N	V	U	Z	T	M	A	L	İ	I	İ	C	G	B	O
N	E	D	Ü	K	K	A	N	S	E	P	U	S	T	N
C	G	T	V	V	M	U	F	H	K	D	Q	U	F	O
P	A	R	A	B	İ	R	İ	M	İ	K	Â	R	O	M
Q	R	F	U	O	T	R	J	V	U	G	C	I	U	İ
Q	O	N	C	I	V	D	K	B	Q	F	O	I	R	I
Ç	A	L	I	Ş	A	N	E	R	E	V	Ş	I	S	V
K	A	R	I	Y	E	R	T	T	C	E	C	N	Q	U

IŞVEREN
BÜTÇE
OFİS
GELIR
FABRIKA
PARA
DÜKKAN
KÂR
YATIRIM
KARIYER
MALIYET
YÖNETICI
ÇALIŞAN
INDIRIM
VERGİ
IŞLEM
SATIŞ
MAL
PARA BİRİMİ
EKONOMİ

51 - Ingenieurwesen

D	K	S	I	V	I	D	V	J	E	M	L	Z	B	H
S	O	C	Ç	T	V	A	C	M	P	C	O	M	V	Z
P	E	D	A	T	C	Ğ	P	Q	H	I	K	T	Y	Q
Z	D	E	S	C	D	I	F	F	M	E	D	U	O	Z
P	V	R	F	P	J	T	O	Z	A	M	T	A	K	R
F	O	I	I	L	I	I	K	R	R	N	E	S	K	E
L	E	N	İ	K	A	M	S	J	G	Ü	V	R	O	E
V	J	L	N	R	F	Ü	P	C	A	T	V	S	P	N
Y	L	I	P	B	P	Ç	B	V	Y	R	U	R	F	F
M	A	K	J	J	Q	L	H	L	İ	Ü	K	M	L	Q
Y	E	P	A	Ç	G	Ö	N	Z	D	S	L	H	Y	H
R	L	U	I	E	N	E	R	J	I	P	E	U	D	M
R	O	T	A	S	Y	O	N	T	M	A	C	B	F	Y
H	E	S	A	P	L	A	M	A	J	T	B	R	A	P
E	Q	U	G	B	C	C	A	K	D	K	N	T	D	T

EKSEN
HESAPLAMA
DİYAGRAM
MAZOT
ROTASYON
ÇAP
ENERJI
SIVI
KOL
MAKİNE

ÖLÇÜM
MOTOR
SÜRTÜNME
SEBAT
KUVVET
YAPI
DERINLIK
DAĞITIM
AÇI

52 - Gemüse

R	L	K	R	A	H	A	B	A	N	R	A	K	H	H
Q	S	L	M	D	J	S	E	T	A	M	O	D	A	D
I	S	P	A	N	A	K	Z	E	S	H	C	N	V	H
L	Z	S	G	I	N	İ	E	K	N	A	C	L	U	U
K	E	A	L	T	B	B	L	Z	C	G	L	Z	Ç	Z
E	N	L	A	Y	P	R	Y	O	N	S	İ	A	M	O
R	C	A	Ş	E	A	U	E	N	K	N	L	N	T	M
E	E	T	Z	Z	T	S	P	A	A	O	U	E	A	A
V	F	A	R	C	L	K	A	D	S	N	R	B	B	R
İ	I	L	B	O	I	A	T	Y	M	K	A	B	V	Y
Z	L	I	I	M	C	B	A	A	I	A	T	T	N	B
L	F	K	U	E	A	A	T	M	R	Z	N	I	G	T
P	P	Z	Y	P	N	K	E	M	A	N	A	Ğ	O	S
Z	T	C	Z	R	U	P	S	A	S	A	M	M	E	F
M	T	H	Q	O	B	Q	J	H	K	O	L	Y	C	Z

ENGİNAR
PATLICAN
KARNABAHAR
BROKOLİ
BEZELYE
SALATALIK
ZENCEFIL
HAVUÇ
PATATES
SARIMSAK

KABAK
ZEYTIN
MAYDANOZ
MANTAR
ŞALGAM
SALATA
KEREVİZ
ISPANAK
DOMATES
SOĞAN

53 - Schönheit

C	K	P	M	A	S	K	A	R	A	V	G	F	Y	T
H	A	D	O	Z	I	A	P	A	Q	Ş	D	V	A	T
U	N	Z	F	O	J	P	R	K	Y	A	K	Y	Ğ	E
N	Y	Ü	I	M	O	Z	G	M	S	M	S	A	L	L
J	A	D	R	B	B	Q	D	M	T	P	P	N	A	F
Y	B	R	A	R	E	Q	A	D	S	U	B	R	R	D
C	Z	K	Z	I	E	C	F	D	İ	A	T	N	E	C
T	A	U	O	L	U	N	E	T	L	N	O	N	A	K
V	O	L	C	H	C	N	K	M	İ	Ü	V	P	L	O
U	B	L	J	Z	E	C	N	R	T	F	T	J	T	Z
K	O	K	U	O	M	H	P	G	S	C	D	U	Y	M
S	L	H	T	C	A	H	N	V	Q	K	C	R	F	E
U	M	K	L	I	K	İ	N	E	J	O	T	O	F	T
Y	T	V	B	Z	A	Z	A	R	A	F	E	T	Q	İ
S	M	K	M	K	S	C	I	L	T	Q	C	L	F	K

LÜTUF
CAZIBE
KOKU
ZARIF
ZARAFET
RENK
FOTOJENİK
DÜZ
CILT
KOZMETİK
RUJ
YAĞLAR
MAKAS
ŞAMPUAN
AYNA
STİLİST
MASKARA

54 - Tanzen

R	Y	S	Q	M	Z	J	C	N	L	B	U	J	Y	G
S	D	M	K	V	Ü	C	U	T	E	C	P	A	J	Ö
T	R	C	L	Q	U	N	Q	N	S	Ş	T	G	O	R
L	V	Y	A	M	H	I	K	H	K	A	E	O	F	S
P	G	S	S	C	C	M	T	A	E	K	O	L	T	E
L	D	L	İ	E	E	F	İ	R	N	A	F	D	I	L
E	I	S	K	O	B	P	F	E	E	D	N	F	L	G
R	G	M	F	A	V	F	A	K	L	E	D	I	M	H
Ü	O	M	U	E	K	A	R	E	E	M	U	M	A	E
T	R	R	İ	T	İ	M	G	T	G	İ	R	Ü	L	L
L	Ü	T	U	F	P	R	O	V	A	S	U	Z	N	Y
Ü	T	A	G	S	I	R	E	L	Y	S	Ş	I	A	D
K	L	N	Y	U	T	P	R	R	T	B	Z	K	K	N
Z	Ü	A	U	B	R	T	O	D	Y	G	C	B	Q	T
I	K	S	D	N	I	V	K	A	T	R	O	E	E	J

AKADEMİ
LÜTUF
ANLAMLI
HAREKET
KOREOGRAFİ
DUYGU
NEŞELI
DURUŞ
KLASİK
VÜCUT
KÜLTÜR
KÜLTÜREL
SANAT
MÜZIK
ORTAK
PROVA
RİTİM
GELENEKSEL
GÖRSEL

55 - Ernährung

B	O	I	J	D	G	T	D	A	J	G	C	Y	L	P
A	S	I	I	O	M	R	Z	I	R	N	İ	S	E	B
H	S	İ	N	D	İ	R	İ	M	Y	İ	O	Z	G	C
A	A	Ğ	I	R	L	I	K	E	V	E	D	F	U	E
R	P	T	E	Z	Z	E	L	C	N	T	T	E	K	Q
A	Y	U	Ş	S	A	Ğ	L	I	K	O	E	R	A	S
T	Z	G	J	I	P	S	A	M	E	R	E	M	L	I
V	İ	T	A	M	İ	N	İ	R	R	P	A	A	O	V
D	Y	E	N	I	L	E	B	I	L	I	R	N	R	I
T	E	A	C	I	L	K	I	L	Ğ	A	S	T	İ	L
O	O	N	E	G	R	S	V	Q	H	A	C	A	U	A
K	Q	D	G	M	U	L	D	K	Y	K	G	S	S	R
S	N	C	S	E	N	B	A	O	I	H	B	Y	O	F
İ	H	L	K	Q	L	K	A	L	I	T	E	O	S	R
N	R	K	F	Y	Q	I	V	T	E	J	H	N	V	Y

IŞTAH
DENGELI
ACI
DIYET
YENILEBILIR
FERMANTASYON
SIVILAR
LEZZET
SAĞLIKLI
SAĞLIK
AĞIRLIK
BAHARAT
KALORİ
BESİN
PROTEİN
KALITE
SOS
TOKSİN
SİNDİRİM
VİTAMİNİ

56 - Länder #1

P	Z	J	A	C	E	R	K	C	A	M	P	L	V	R
M	O	A	Y	N	A	M	L	A	Y	N	O	T	E	L
A	D	L	Ç	B	A	M	A	Y	N	A	M	O	R	M
L	Z	E	O	M	M	T	O	L	A	A	N	C	I	T
İ	L	U	B	N	K	H	M	A	P	U	D	A	S	F
S	O	Z	M	N	Y	K	Y	T	S	G	T	A	I	G
E	E	E	A	N	S	A	F	İ	İ	A	S	Y	M	Z
T	R	N	K	L	R	R	S	L	V	R	A	İ	O	D
D	A	E	E	S	R	I	O	R	İ	A	E	D	O	H
Y	K	V	A	G	P	U	D	Q	E	K	E	N	N	T
A	C	L	R	G	A	M	B	K	T	İ	Y	A	U	T
N	O	R	V	E	Ç	L	I	U	N	N	I	L	L	Y
H	I	N	D	I	S	T	A	N	A	O	T	N	J	L
B	R	E	Z	I	L	Y	A	L	M	A	C	İ	O	D
İ	S	R	A	İ	L	P	Z	F	H	J	N	F	E	A

MISIR
BREZILYA
ALMANYA
FİNLANDİYA
HINDISTAN
IRAK
İSRAİL
İTALYA
KAMBOÇYA
KANADA
LETONYA
MALİ
NİKARAGUA
NORVEÇ
POLONYA
ROMANYA
SENEGAL
İSPANYA
VENEZUELA
VİETNAM

57 - Technologie

J	M	D	İ	J	İ	T	A	L	İ	D	P	A	A	Q
B	L	O	G	I	L	E	Y	V	S	B	O	O	E	I
A	I	F	R	A	R	N	A	V	T	I	U	S	T	Z
E	R	L	Q	G	Y	R	Z	V	A	L	G	Ü	Y	J
P	N	A	R	K	E	E	I	E	T	G	Ü	R	A	A
G	J	N	Ş	T	E	T	L	R	İ	I	V	İ	B	S
Y	F	A	Q	T	Z	N	I	I	S	S	E	V	C	E
S	A	S	Ç	U	I	İ	M	C	T	A	N	F	O	M
K	A	M	E	R	A	R	T	I	İ	Y	L	A	Y	Q
Q	Q	L	L	U	P	J	M	Y	K	A	I	D	A	S
V	R	H	M	J	S	J	H	A	V	R	K	K	D	P
Z	Z	M	İ	C	Z	N	R	R	S	I	D	B	Z	G
A	J	S	F	E	O	V	U	A	P	N	Z	N	A	N
U	H	K	L	A	D	A	V	T	T	C	H	Z	F	B
V	N	Z	B	B	Z	G	N	B	J	Q	R	S	I	B

EKRAN
BLOG
TARAYICI
BAYT
BILGISAYAR
İMLEÇ
DOSYA
VERI
DIJİTAL
ARAŞTIRMA
İNTERNET
KAMERA
MESAJ
GÜVENLIK
YAZILIM
İSTATİSTİK
SANAL
VİRÜS

58 - Wasser

P	A	Z	P	K	D	U	N	N	O	S	U	M	G	S
V	M	Q	F	A	O	K	O	M	K	Q	U	V	Ö	E
N	A	J	Z	V	N	H	Y	E	Y	Y	V	D	L	R
B	L	L	G	C	Y	R	A	L	A	G	L	A	D	G
C	U	J	P	N	F	A	F	J	N	S	V	B	I	Z
P	S	H	Y	M	E	N	Ğ	F	U	C	I	U	O	P
G	E	I	A	J	O	H	F	M	S	T	T	H	J	Z
R	L	Y	G	R	A	K	I	F	U	H	D	A	J	M
E	A	Z	R	E	Y	H	Z	R	Y	R	P	R	K	F
M	N	Y	I	Z	U	B	L	Q	R	D	D	L	G	V
I	A	P	S	Y	Z	M	Q	F	V	Z	J	A	B	K
Y	K	Z	A	A	S	S	K	I	J	Y	J	Ş	U	D
R	B	S	K	G	G	Z	B	F	O	Q	L	M	Z	F
J	B	J	O	R	Q	Z	D	B	A	R	H	A	A	D
R	J	V	J	C	I	E	Q	C	A	J	J	S	R	Q

SULAMA
BUHAR
DUŞ
BUZ
NEM
NEHIR
SEL
DON
GAYZER
KASIRGA
KANAL
MUSON
OKYANUS
YAĞMUR
KAR
GÖL
BUHARLAŞMA
DALGALAR

59 - Science Fiction

H	T	L	J	C	B	H	S	C	A	F	B	Y	D	R
I	A	E	V	Q	L	V	T	G	S	A	S	A	H	O
Y	M	Y	K	G	P	F	F	B	E	N	K	N	G	B
D	A	S	A	N	Q	R	L	D	N	T	E	I	E	O
Ü	L	İ	A	L	O	A	R	T	A	A	H	L	R	T
N	T	N	Y	Y	İ	L	E	K	R	S	A	S	Ç	L
Y	A	E	O	C	I	P	O	V	Y	T	N	A	E	A
A	P	M	F	E	G	A	L	J	O	I	E	M	K	R
D	T	A	Ü	M	R	T	J	A	I	K	T	A	Ç	F
A	T	E	Ş	T	R	İ	A	K	L	R	M	M	İ	T
D	Q	A	H	Z	O	K	P	A	M	E	R	P	F	F
A	R	L	Y	Y	E	P	G	N	E	G	E	Z	E	G
K	V	Q	C	Y	U	Y	Y	I	Z	D	L	E	Q	T
Ö	P	J	J	Z	D	C	I	A	I	R	I	Ş	A	N
G	J	G	G	Y	T	F	N	I	G	D	D	D	T	F

KİTAPLAR
PATLAMA
AŞIRI
FANTASTIK
ATEŞ
GÖKADA
GIZEMLI
YANILSAMA
HAYALİ
SİNEMA
KEHANET
GEZEGEN
GERÇEKÇİ
ROBOTLAR
SENARYO
TEKNOLOJI
ÜTOPYA
DÜNYA

60 - Literatur

V	A	M	E	C	A	Z	A	A	N	A	L	I	Z	K
A	N	J	H	U	D	L	I	N	R	A	G	K	Q	G
R	A	Z	A	Y	İ	B	A	A	E	Q	D	E	D	A
G	L	C	A	L	Y	V	L	M	A	K	İ	M	M	L
K	O	R	F	R	A	V	V	J	N	J	D	Z	C	C
Q	J	I	Z	I	L	P	D	U	R	C	E	O	F	V
E	İ	M	J	P	O	D	Q	R	S	T	J	F	T	O
B	J	F	N	D	G	H	O	Z	Z	I	A	H	I	I
V	T	Q	A	A	G	Ç	Y	Z	J	L	R	N	C	D
Z	H	M	M	R	K	U	R	G	U	M	T	T	I	O
V	M	G	O	N	G	N	N	B	L	Q	T	E	T	M
Ş	I	I	R	R	U	O	T	A	R	Z	Y	M	A	G
K	A	F	I	Y	E	S	Y	O	U	Z	C	A	L	A
Ş	İ	İ	R	S	E	L	E	İ	A	T	M	G	N	R
E	V	R	İ	T	İ	M	N	G	B	P	F	Z	A	U

ANALOJİ
ANALIZ
ANEKDOT
YAZAR
TANIM
BİYOGRAFİ
DİYALOG
ANLATICI
KURGU
ŞIIR
MECAZ
ŞİİRSEL
KAFIYE
RİTİM
ROMAN
SONUÇ
TARZ
TEMA
TRAJEDİ

61 - Wandern

C	P	K	U	B	J	V	U	J	A	G	J	G	Y	R
R	İ	Ş	H	A	V	B	O	L	U	S	S	K	R	H
Y	C	K	F	T	O	F	E	Y	Ç	C	H	N	I	A
F	T	V	A	İ	F	M	U	L	U	H	Y	O	H	I
H	A	Z	I	R	L	I	K	C	R	F	E	Y	I	C
H	A	Y	V	A	N	L	A	R	U	T	I	S	G	A
O	Y	Ğ	R	H	B	K	C	E	M	A	G	A	D	T
P	L	O	O	Z	C	I	U	L	V	Ş	E	T	P	P
B	A	P	R	D	R	O	O	E	O	L	I	N	U	R
I	E	R	P	G	Q	L	M	K	R	A	H	A	Z	H
J	O	P	K	S	U	P	L	İ	H	R	M	Y	I	Q
O	B	R	D	L	B	N	I	L	A	Ğ	I	R	S	S
G	Ü	N	E	Ş	A	V	A	H	J	A	M	O	S	K
U	V	E	H	M	T	R	Q	E	O	D	S	J	P	L
Y	I	Y	J	V	V	J	I	T	N	A	L	P	O	T

DAĞ
TEHLİKELER
TOPLANTI
HARİTA
IKLIM
UÇURUM
YORGUN
DOĞA
ORYANTASYON
PARKLAR
AĞIR
GÜNEŞ
TAŞLAR
HAYVANLAR
HAZIRLIK
SU
HAVA
VAHŞİ

62 - Globale Erwärmung

A	Z	A	L	T	M	A	K	G	E	D	H	G	F	E
G	I	B	K	E	V	V	A	C	E	N	T	A	S	T
E	R	D	U	M	G	F	N	C	R	L	E	Z	C	I
L	K	Z	Z	Ü	N	Ü	F	U	S	R	I	R	R	Z
E	R	A	L	K	I	L	K	A	C	I	S	Ş	J	L
C	T	L	B	Ü	E	N	D	Ü	S	T	R	I	M	I
E	C	U	G	H	V	R	P	V	I	N	S	Y	D	E
K	R	N	M	Q	S	P	N	E	S	İ	L	L	E	R
Ç	E	V	R	E	S	E	L	O	H	G	R	S	K	G
U	L	U	S	L	A	R	A	R	A	S	I	R	E	V
Z	J	F	V	M	O	A	B	M	I	D	M	I	Ş	S
U	M	S	Y	O	U	Z	S	K	N	K	T	L	R	V
R	L	M	L	H	U	S	Y	F	M	B	L	Y	S	N
A	R	K	T	I	K	E	U	P	J	E	T	I	B	C
Q	J	Q	K	K	K	Y	T	A	U	Z	V	E	M	O

ARKTIK
NÜFUS
VERI
ENERJI
GELIŞME
GAZ
NESİLLER
MEVZUAT
ENDÜSTRI
ULUSLARARASI
ŞIMDI
IKLIM
KRIZ
AZALTMAK
HÜKÜMET
SICAKLIKLAR
ÇEVRESEL
GELECEK

63 - Länder #2

J	E	S	U	R	İ	Y	E	D	N	G	B	Z	M	G
L	A	Y	P	O	Y	İ	T	E	Y	I	Z	P	V	G
İ	S	P	A	P	A	K	I	S	T	A	N	K	L	A
B	N	K	O	R	A	U	I	G	J	N	E	P	A	L
E	A	L	T	N	N	F	G	S	U	D	A	N	K	N
R	R	L	T	R	Y	A	I	A	Y	S	U	R	İ	K
Y	F	A	Y	F	A	A	V	Z	N	U	H	N	A	A
A	J	O	Q	U	R	Z	N	U	K	D	P	O	M	M
M	F	S	B	E	K	N	E	İ	T	İ	A	H	A	M
E	G	J	K	I	U	H	N	O	L	L	N	L	J	I
K	F	Q	C	Q	I	R	N	A	D	K	U	K	S	H
S	L	G	N	İ	J	E	R	Y	A	E	E	K	N	B
İ	O	D	E	E	G	K	J	A	D	N	A	L	R	İ
K	G	I	T	H	B	Y	D	M	S	Y	F	M	P	Z
A	M	M	V	N	A	T	S	I	N	A	N	U	Y	C

ARNAVUTLUK
ETİYOPYA
FRANSA
YUNANISTAN
HAİTİ
İRLANDA
JAMAİKA
JAPONYA
KENYA
LAOS
LİBERYA
MEKSİKA
NEPAL
NİJERYA
PAKISTAN
RUSYA
SUDAN
SURİYE
UGANDA
UKRAYNA

64 - Fahrzeuge

U	P	C	Z	E	Q	B	N	E	D	T	S	L	R	Q
R	Ç	B	F	T	C	Z	F	U	D	R	P	M	I	R
V	N	A	B	A	R	A	O	I	I	L	Q	Y	R	Ö
A	B	M	K	T	U	D	B	I	S	I	K	L	E	T
N	A	V	R	E	K	C	E	N	H	B	R	M	O	K
K	H	R	E	U	M	I	A	N	E	R	T	E	T	A
A	A	O	T	N	O	V	M	L	İ	M	A	T	O	R
M	M	K	P	B	T	T	N	A	S	Z	B	R	B	T
Y	B	E	O	M	O	O	L	S	K	G	A	O	Ü	H
O	U	T	K	J	R	B	B	T	A	A	D	L	S	G
N	L	L	İ	Z	L	İ	K	İ	T	S	A	L	T	I
Z	A	S	L	U	N	R	Q	K	N	K	V	V	U	I
I	N	I	E	B	A	E	L	L	R	R	L	N	Z	F
Y	S	C	H	E	J	F	F	E	N	E	O	J	Z	M
D	N	B	F	D	C	A	V	R	R	N	T	C	Y	V

ARABA
BOT
OTOBÜS
BISIKLET
FERİBOT
SAL
UÇAK
HELİKOPTER
AMBULANS
KAMYON
MOTOR
ROKET
LASTİKLER
TAKSİ
TRAKTÖR
METRO
DENİZALTI
VAN
KERVAN
TREN

65 - Musikinstrumente

H	E	L	M	Q	T	Ü	L	F	A	Q	Z	J	F	R
M	K	E	A	A	E	B	A	G	E	T	M	V	E	F
A	U	F	N	G	F	G	U	T	N	Ç	I	O	P	A
R	L	K	D	V	V	S	B	P	O	O	E	L	O	G
İ	E	A	O	K	N	P	O	İ	F	P	G	L	A	O
M	U	V	L	U	V	A	D	Y	A	J	G	Q	L	T
B	Q	G	İ	V	K	I	E	A	S	F	T	L	Z	O
A	Z	D	N	A	M	E	K	N	K	H	R	V	B	M
B	A	N	Ç	O	D	J	F	O	A	U	O	B	Y	H
K	L	A	R	N	E	T	G	V	S	Q	M	C	Z	G
O	T	C	V	T	R	O	M	B	O	N	P	J	M	I
O	R	Y	A	U	D	Q	B	A	C	S	E	D	Y	Y
H	K	A	D	C	R	A	T	İ	G	Y	T	P	Y	U
P	Q	R	A	K	Z	M	S	G	F	C	K	B	D	D
J	Z	P	M	J	P	H	A	A	P	J	B	O	U	N

BANÇO
ÇELLO
BAGET
FAGOT
FLÜT
KEMAN
GİTAR
GONG
ARP
KLARNET

PİYANO
MANDOLİN
MARİMBA
OBUA
TROMBON
SAKSAFON
VURMA
TEF
DAVUL
TROMPET

66 - Blumen

G	Ü	L	K	A	R	A	H	İ	N	D	İ	B	A	L
M	K	R	R	J	R	G	Ş	L	E	Y	L	A	K	P
H	A	V	H	J	T	L	A	T	N	A	V	A	L	U
F	R	N	F	N	R	O	K	A	B	M	A	Z	H	V
S	P	G	O	D	U	G	A	Ş	C	V	H	T	D	D
Q	A	T	P	L	E	J	Y	P	A	P	A	T	Y	A
İ	Y	H	D	Q	Y	Q	I	B	I	H	N	A	D	C
Ğ	T	A	B	S	M	A	K	N	R	G	Ş	R	Y	N
E	B	E	G	Ü	M	E	C	İ	E	A	B	A	T	O
Ç	D	I	V	D	G	L	M	M	M	R	D	T	H	Y
İ	V	İ	Q	A	M	A	N	E	U	D	T	S	N	O
Ç	T	E	K	U	B	L	Z	S	L	E	H	G	U	C
Y	B	G	G	R	A	I	Z	A	P	N	M	F	D	H
A	E	Q	Z	D	O	V	U	Y	K	Y	L	A	Z	F
Ç	A	R	K	I	F	E	L	E	K	A	I	R	F	T

YAPRAK
GARDENYA
PAPATYA
EBEGÜMECİ
YASEMİN
YONCA
LAVANTA
LEYLAK
ZAMBAK
KARAHİNDİBA

MANOLYA
HAŞHAŞ
ORKİDE
ÇARKIFELEK
ŞAKAYIK
PLUMERIA
GÜL
AYÇİÇEĞİ
BUKET
LALE

67 - Natur

H	T	A	J	J	K	N	V	P	S	C	M	S	A	B
E	A	A	R	A	L	Ğ	A	D	Y	R	L	N	R	A
S	K	R	C	L	R	I	H	E	N	T	L	F	K	R
S	A	K	İ	N	A	Q	Ş	O	R	M	A	N	T	I
N	T	N	B	Q	J	R	İ	F	Q	D	H	O	I	N
Y	R	G	Ü	Z	E	L	L	I	K	İ	U	Y	K	A
E	O	M	F	V	H	R	U	S	M	N	Z	Z	R	K
Ş	P	G	V	T	S	A	Q	İ	N	A	U	O	N	U
İ	İ	Ç	Ö	L	N	L	Y	S	J	M	R	R	M	G
L	K	J	C	L	J	N	J	A	Q	İ	L	E	L	V
L	A	K	A	Z	F	A	C	P	T	K	U	D	M	F
İ	L	U	Z	U	B	V	E	E	H	İ	M	K	L	G
K	P	R	V	A	R	Y	P	Q	L	S	K	A	A	L
P	G	V	M	T	R	A	L	T	U	L	U	B	Y	Z
Y	Y	I	U	G	M	H	G	M	C	L	U	G	Y	B

ARKTIK
DAĞLAR
ARLAR
DİNAMİK
EROZYON
NEHIR
HUZURLU
BUZUL
BARINAK
SAKİN
YEŞİLLİK
HAYATİ
SİS
GÜZELLIK
HAYVANLAR
TROPİKAL
ORMAN
VAHŞİ
BULUTLAR
ÇÖL

68 - Urlaub #2

O	Z	E	Ç	A	D	I	R	S	O	T	F	U	H	Y
O	A	J	Q	T	C	L	E	M	U	A	S	H	E	K
P	E	C	A	Z	J	N	Y	H	L	Ş	K	A	D	A
U	N	P	T	U	J	V	B	T	B	I	Z	V	E	F
J	N	I	T	R	E	N	K	B	M	M	M	A	F	F
D	L	C	İ	S	K	A	T	D	E	A	P	L	T	O
L	D	N	K	E	E	D	H	S	S	C	B	İ	E	T
J	J	A	L	P	P	Y	B	Z	O	I	F	M	R	O
P	T	B	Ğ	T	M	L	A	R	S	L	O	A	E	Ğ
F	I	A	C	L	S	M	K	H	M	I	T	N	S	R
A	D	Y	L	E	A	V	I	I	A	K	E	I	T	A
C	V	İ	Z	E	O	R	Z	H	M	T	L	Y	O	F
B	O	Q	D	E	N	I	Z	E	D	H	B	N	R	L
P	O	P	A	S	A	P	O	R	T	S	N	Q	A	A
C	H	Ş	T	M	H	A	R	İ	T	A	I	H	N	R

YABANCI
DAĞLAR
HAVALİMANI
FOTOĞRAFLAR
BOŞ
OTEL
ADA
HARİTA
DENIZ
PASAPORT
SEYAHAT
RESTORAN
PLAJ
TAKSİ
TAŞIMACILIK
VİZE
ÇADIR
HEDEF
TREN

69 - Barbecues

U	C	P	Z	B	M	N	T	O	I	M	T	V	P	M
S	K	G	L	Y	Z	Q	Z	M	Y	Z	Q	E	G	Ü
O	I	S	O	Ğ	A	N	G	Q	K	U	V	A	T	Z
S	L	C	I	Z	G	A	R	A	S	T	N	E	M	I
O	Ç	L	A	K	Z	F	A	A	E	U	Ç	L	H	K
I	A	T	Q	K	N	J	L	M	B	S	A	I	A	I
B	I	B	E	R	B	D	Ş	A	Z	B	T	A	N	R
H	J	Y	U	M	I	Z	A	F	E	Q	A	U	L	A
G	R	Z	S	I	Ç	Q	D	K	L	H	L	N	T	L
N	B	P	S	S	A	N	A	K	E	I	L	Z	S	K
Y	D	O	Z	Y	K	B	K	M	R	L	A	U	V	U
A	A	S	O	J	M	H	R	K	E	T	R	M	B	C
Z	V	B	B	O	R	B	A	F	I	Y	L	Q	E	O
O	E	S	A	L	A	T	A	L	A	R	V	J	S	Ç
C	T	F	M	T	Y	Z	A	K	Y	Z	G	E	F	U

DAVET
AILE
ARKADAŞLAR
MEYVE
ÇATALLAR
SEBZELER
IZGARA
SICAK
TAVUK
AÇLIK
ÇOCUKLAR
BIÇAK
MÜZIK
BIBER
SALATALAR
TUZ
YAZ
SOS
OYUNLAR
SOĞAN

70 - Geographie

T	E	H	Ü	C	N	V	H	U	P	O	R	M	Z	Z
G	F	B	L	D	E	G	L	Ö	B	F	K	E	S	F
D	D	O	K	O	H	U	I	I	J	P	I	R	M	D
H	U	K	E	Y	I	O	P	A	C	E	R	İ	Q	F
K	U	Z	E	Y	R	R	U	U	H	Z	O	D	I	Z
K	R	E	K	V	A	T	O	R	A	Z	D	Y	B	N
I	I	A	Y	N	Ü	D	C	B	R	D	E	E	A	K
T	D	T	K	V	C	Q	A	E	İ	Y	N	N	T	V
E	C	P	A	I	Z	D	K	I	T	I	I	T	I	D
F	P	Q	G	H	M	P	U	D	A	C	Z	R	T	V
A	J	D	C	B	E	L	O	A	N	N	J	O	K	B
L	D	T	R	H	S	C	Z	Ğ	A	U	K	U	F	V
I	N	A	L	Y	A	R	I	M	K	Ü	R	E	P	P
O	K	Y	A	N	U	S	A	L	T	A	C	M	Q	P
E	N	L	E	M	K	E	N	T	B	O	Y	L	A	M

ATLAS
EKVATOR
DAĞ
ENLEM
NEHIR
YARIMKÜRE
RAKIM
ADA
HARİTA
KITA
ÜLKE
BOYLAM
DENIZ
MERİDYEN
KUZEY
OKYANUS
BÖLGE
KENT
DÜNYA
BATI

71 - Zahlen

O	V	O	M	O	O	T	K	R	I	I	T	B	O	U
F	M	T	S	N	O	T	R	Ö	D	N	O	G	E	Q
J	T	E	İ	S	H	D	K	P	E	Q	D	S	T	Ş
Z	I	C	M	E	D	Y	A	V	Y	M	B	V	T	F
O	M	H	R	K	I	L	A	D	N	O	E	O	V	F
A	R	V	İ	I	T	L	A	N	O	P	I	K	C	M
J	I	I	Y	Z	F	R	O	N	D	O	K	U	Z	J
U	B	U	P	U	C	I	L	Z	V	D	I	M	Q	T
Y	Z	Z	Z	K	P	B	S	D	L	F	N	G	O	Z
Y	E	D	İ	O	U	S	H	U	S	H	O	N	Ü	Ç
C	K	T	K	D	D	O	O	N	D	V	S	N	P	Y
D	A	I	E	I	A	P	F	N	M	D	H	N	F	H
Y	Z	L	S	G	S	B	K	T	V	S	L	V	N	N
U	R	Ü	T	R	Ö	D	Y	T	E	K	D	B	V	M
T	Y	Ç	N	I	Z	J	L	P	Y	O	2	H	J	Y

SEKİZ
ONSEKIZ
ONDALIK
ÜÇ
ON ÜÇ
BIR
BEŞ
DOKUZ
ON DOKUZ
SIFIR
ALTI
ON ALTI
YEDİ
ON YEDI
DÖRT
ON DÖRT
ON
YİRMİ
ON IKI

72 - Kunst Liefert

M	J	I	S	F	B	M	O	E	S	G	R	A	K	N
E	A	Z	I	I	Y	Y	R	E	L	M	E	L	A	K
N	J	S	R	R	I	A	I	E	T	A	L	I	M	İ
Y	D	J	A	Ç	E	R	P	L	L	U	T	K	E	L
T	T	K	T	A	V	A	J	A	C	R	R	F	R	İ
Z	U	S	P	L	I	T	P	V	A	E	İ	B	A	R
Y	M	T	E	A	Z	I	F	Ö	Q	J	Y	K	N	K
A	M	H	K	R	P	C	F	Ş	I	Z	P	N	İ	A
Ğ	U	H	K	A	Q	I	S	İ	L	G	İ	E	K	F
M	P	G	E	S	L	L	K	U	O	D	A	R	V	D
A	S	T	R	F	J	I	K	U	V	M	Y	S	O	Z
S	Z	Y	Ü	S	J	K	K	Â	Ğ	I	T	V	T	V
I	E	F	M	G	O	Z	C	T	Y	N	P	P	H	H
G	H	C	G	E	Q	B	C	C	Z	I	A	A	E	R
S	A	N	D	A	L	Y	E	Y	I	G	A	R	R	V

AKRİLİK
KALEMLER
FIRÇALAR
RENK
FİKİRLER
KAMERA
YARATICILIK
TUTKAL
YAĞ
KÂĞIT
SİLGİ
ŞÖVALE
SANDALYE
MASA
MÜREKKEP
KIL
SU

73 - Tage und Monate

Y	A	Z	Q	B	D	L	R	N	T	D	T	R	Y	D
P	A	Z	A	R	T	E	S	I	A	H	E	P	G	B
Z	G	Y	I	S	K	Q	O	P	K	A	M	U	C	J
O	C	A	K	Z	G	L	T	E	V	Z	M	B	R	K
Ç	A	B	B	M	C	F	S	R	I	I	U	Y	O	U
H	A	Z	H	T	A	B	U	Ş	M	R	Z	D	Q	K
F	N	R	C	U	T	I	Ğ	E	O	A	T	F	A	H
I	O	F	Ş	A	K	J	A	M	T	N	U	A	G	A
S	D	Z	C	A	Y	L	K	B	M	M	E	B	H	O
S	A	L	I	D	M	I	S	E	T	R	A	M	U	C
Q	Z	Ü	Y	A	N	B	U	G	E	K	I	M	P	P
N	S	L	J	I	J	R	A	H	C	R	D	I	A	A
U	Q	Y	K	I	L	A	R	A	U	E	L	S	Z	M
K	V	E	Y	I	Z	R	L	A	G	E	D	A	A	T
K	K	M	S	A	H	J	V	G	F	G	H	K	R	Y

AĞUSTOS
ARALIK
SALI
PERŞEMBE
ŞUBAT
CUMA
YIL
OCAK
TEMMUZ
HAZIRAN
TAKVIM
ÇARŞAMBA
AY
PAZARTESI
KASIM
EKIM
CUMARTESI
EYLÜL
PAZAR
HAFTA

74 - Emotionen

T	S	N	V	P	J	Q	Ş	T	P	Z	J	B	R	S
R	A	T	T	E	N	N	I	M	H	U	Z	U	R	E
A	K	R	D	M	Z	İ	R	P	R	Ü	S	İ	F	V
Q	I	Ö	A	T	R	I	A	Ü	Z	Ü	N	T	Ü	İ
D	N	P	F	H	G	A	B	Z	D	V	U	A	K	N
P	O	D	S	K	A	R	A	H	A	T	N	P	C	Ç
K	O	R	K	U	E	T	I	H	Q	S	M	M	C	S
N	E	Z	A	K	E	T	L	G	N	S	E	E	H	R
S	I	K	I	N	T	I	N	A	A	K	M	S	G	Y
H	J	S	M	O	C	E	A	O	M	Z	D	V	R	R
F	A	A	M	R	E	O	C	Y	D	A	Z	K	O	M
Q	A	M	F	Z	G	J	E	Q	E	N	T	J	R	G
I	B	Ş	K	T	T	E	Y	İ	S	A	S	S	A	H
Z	I	J	K	L	I	Y	E	H	V	I	Z	P	A	E
T	P	I	N	F	J	Z	H	Q	O	E	N	E	R	G

KORKU
HEYECANLI
MINNETTAR
RAHAT
SEVİNÇ
NEZAKET
BARIŞ
SIKINTI
AŞK

RAHATLAMA
HUZUR
SAKIN
SEMPATİ
ÜZÜNTÜ
SÜRPRİZ
ÖFKE
HASSASİYET
MEMNUN

75 - Zu Füllen

L	K	K	P	V	V	L	H	C	H	T	Q	Y	K	P
P	A	T	N	A	Ç	M	N	D	A	N	Ü	D	L	T
S	R	I	L	R	E	U	L	U	V	A	B	P	A	U
O	T	E	K	A	P	T	S	O	Z	A	V	B	S	C
T	O	A	S	U	R	U	A	Z	A	K	Z	M	Ö	N
Y	N	V	Q	Ç	E	K	M	E	C	E	K	B	R	A
L	D	P	Z	V	Ş	T	I	U	Z	B	I	R	J	T
G	I	D	F	J	I	E	Q	D	O	O	J	Q	I	G
E	I	L	I	P	Ş	P	U	A	N	N	L	Y	I	O
E	F	P	G	J	Y	S	C	K	A	A	Q	K	C	V
M	U	S	I	R	E	I	Y	T	V	I	S	N	B	Y
U	S	B	E	R	G	I	F	R	A	Z	J	N	C	P
Q	Y	Q	O	P	K	H	I	I	K	E	D	J	T	F
S	R	B	K	O	E	M	Ç	E	E	A	M	O	D	B
K	Ü	V	E	T	D	T	I	K	O	V	A	S	J	G

HAVZA
KUTU
KOVA
FIÇI
ŞIŞE
KARTON
SANDIK
BAVUL
SEPET
KAVANOZ
KLASÖR
PAKET
TÜP
ÇEKMECE
TEPSI
ÇANTA
ZARF
VAZO
KÜVET

76 - Das Unternehmen

K	O	R	E	L	M	İ	R	İ	B	I	G	F	E	L
Ü	Z	D	B	O	U	S	I	P	V	T	K	T	P	I
R	A	L	K	A	N	Y	A	K	Y	I	C	O	Q	R
E	L	D	D	O	U	A	F	I	K	B	Ü	H	K	H
S	T	I	R	T	S	Ü	D	N	E	A	O	R	U	L
E	R	I	P	H	G	E	L	I	R	R	L	L	Ü	E
L	T	H	L	R	İ	S	K	L	E	R	A	H	P	N
K	E	R	A	A	A	Z	K	K	M	V	S	K	Y	O
R	M	M	R	Y	K	U	F	A	Z	U	I	I	J	Y
Ü	C	R	E	T	L	E	R	R	I	I	L	B	Ş	S
I	L	E	R	L	E	M	E	A	B	L	I	O	Z	E
Y	A	T	I	R	I	M	B	R	V	M	K	K	G	F
H	S	Y	Y	E	N	I	L	I	K	Ç	I	T	L	O
O	E	H	R	G	U	H	Y	N	E	Z	N	F	P	R
Y	A	R	A	T	I	C	I	G	K	Y	L	B	F	P

BİRİMLER
GELIR
KARAR
ILERLEME
IŞ
KÜRESEL
ENDÜSTRI
YENILIKÇI
YATIRIM
YARATICI

ÜCRETLER
OLASILIK
SUNUM
ÜRÜN
PROFESYONEL
KALITE
KAYNAKLAR
RİSKLER
ITIBAR

77 - Kräuterkunde

Z	T	K	F	E	S	L	E	Ğ	E	N	I	M	S	I
I	L	A	D	Y	A	F	S	A	R	I	M	S	A	K
D	V	A	R	G	N	Y	J	T	P	H	T	Y	C	M
P	L	V	R	H	S	A	F	R	A	N	N	F	J	B
E	E	M	K	O	U	T	O	E	R	E	D	O	Y	İ
Ç	T	A	Y	V	M	N	T	M	U	T	F	A	K	B
K	I	H	G	S	U	A	H	S	Y	E	T	R	Ş	E
P	L	Ç	D	C	A	V	T	S	A	Z	V	E	Ö	R
Q	A	Z	E	G	S	A	N	İ	U	Z	I	Z	K	İ
F	K	Y	Ç	K	E	L	K	İ	K	E	K	E	N	Y
Y	I	S	H	N	D	I	N	A	F	L	Q	N	A	E
E	R	M	A	M	A	Y	D	A	N	O	Z	E	C	A
Ş	E	E	B	Q	K	L	G	V	A	V	P	E	R	V
I	Ç	Z	A	D	Y	V	R	C	O	S	V	T	E	K
L	I	D	S	J	F	D	Z	L	J	A	V	A	M	Q

AROMATİK
FESLEĞEN
ÇIÇEK
DEREOTU
TARHUN
REZENE
BAHÇE
LEZZET
YEŞIL
SARIMSAK
MUTFAK
LAVANTA
MERCANKÖŞK
MAYDANOZ
KALITE
BİBERİYE
SAFRAN
KEKİK
FAYDALI
IÇERIK

78 - Aktivitäten und Freizeit

I	H	T	P	D	V	J	L	C	F	R	Ö	S	Z	Y
L	O	B	Y	E	L	O	V	E	P	U	Y	Y	A	P
J	B	S	İ	N	E	T	A	N	A	S	T	Z	R	B
I	İ	K	I	L	I	Ç	K	I	L	A	B	B	P	J
T	L	O	B	O	Y	A	M	A	Y	N	U	I	O	O
G	E	B	Z	B	N	K	Q	Z	B	A	S	P	A	L
D	R	D	C	Z	U	R	R	L	R	T	L	O	P	J
G	A	I	G	Y	Q	S	V	E	M	U	M	G	T	J
O	L	L	K	E	M	T	E	T	A	H	A	Y	E	S
L	H	M	I	B	M	B	A	S	K	E	T	B	O	L
F	Y	L	N	Ş	P	Z	I	B	S	A	Z	B	D	H
Z	A	B	V	A	O	Ş	Ü	Y	Ü	R	Ü	Y	G	F
V	A	L	R	F	T	B	F	Y	O	O	H	J	O	M
B	A	H	Ç	I	V	A	N	L	I	K	K	O	A	R
R	A	H	A	T	L	A	T	I	C	I	U	S	M	Z

BALIKÇILIK
BEYZBOL
BASKETBOL
BOKS
RAHATLATICI
FUTBOL
BAHÇIVANLIK
BOYAMA
GOLF
HOBİLER
SANAT
SEYAHAT ETMEK
YÜZME
SÖRF
DALIŞ
TENİS
VOLEYBOL
YÜRÜYÜŞ

79 - Formen

S	K	E	N	A	R	L	A	R	F	Q	J	N	J	K
S	I	T	G	G	K	D	I	M	Ü	Ç	G	E	N	A
İ	T	R	P	İ	R	A	M	İ	T	E	O	Ş	A	R
L	A	F	A	M	Z	İ	R	P	Y	Y	T	Ö	Y	E
İ	T	R	U	L	K	R	A	P	Y	T	E	K	H	Z
N	Y	H	O	V	A	L	D	K	N	L	L	O	U	V
D	I	B	E	L	L	O	I	J	Ü	O	İ	K	J	E
İ	K	J	O	R	R	B	K	T	C	P	P	F	S	F
R	N	R	Y	N	A	R	D	V	I	Q	S	E	A	H
F	E	H	N	L	V	E	Ö	L	R	P	T	F	E	L
Y	H	P	E	S	U	P	R	L	Y	C	D	K	G	K
O	M	P	F	V	Y	İ	T	I	R	I	L	O	C	I
S	V	A	S	D	V	H	G	R	A	G	U	N	D	H
D	O	J	T	I	E	J	E	Ğ	P	D	D	İ	G	M
M	G	T	K	M	M	U	N	E	G	K	O	Ç	P	Z

ARK
ÜÇGEN
KÖŞE
ELİPS
HİPERBOL
KENARLAR
KONİ
DAIRE
EĞRI
SIRA
OVAL
ÇOKGEN
PRİZMA
PİRAMİT
KARE
DIKDÖRTGEN
YUVARLAK
YAN
KÜP
SİLİNDİR

80 - Musik

I	M	H	L	K	P	P	Q	N	D	L	P	S	J	M
Q	A	R	G	İ	D	O	L	E	M	D	S	R	Q	Ü
J	K	B	Y	M	R	T	E	Y	J	Ü	A	S	K	Z
S	A	D	K	T	L	İ	H	S	P	L	B	S	İ	İ
Q	Q	F	D	İ	O	G	K	İ	C	O	A	L	S	K
H	Z	C	Q	R	D	Z	U	Z	U	I	A	J	A	A
O	T	S	J	V	T	M	Z	Ü	Z	L	P	T	L	L
K	İ	N	O	M	R	A	H	M	R	E	R	R	K	E
İ	A	V	I	N	R	U	R	İ	T	İ	M	D	L	S
T	O	Y	C	M	İ	K	R	O	F	O	N	V	E	R
K	P	E	I	E	N	S	T	R	Ü	M	A	N	I	İ
E	E	R	K	T	D	O	Ğ	A	Ç	L	A	M	A	İ
L	R	D	R	U	R	R	F	T	T	E	M	P	O	Ş
K	A	M	A	D	U	O	Z	I	Z	R	D	O	G	C
E	D	N	Ş	H	S	K	N	E	H	A	C	T	N	D

ALBÜM
KAYIT
KORO
EKLEKTİK
AHENK
HARMONİK
DOĞAÇLAMA
ENSTRÜMAN
KLASİK
LİRİK
MELODİ
MİKROFON
MÜZİKAL
MÜZİSYEN
OPERA
ŞİİRSEL
RİTMİK
RİTİM
ŞARKICI
TEMPO

81 - Antiquitäten

O	T	A	N	T	I	K	H	İ	T	Z	G	L	D	L
Z	O	Y	Y	D	E	K	O	R	A	T	İ	F	F	E
Z	L	F	Ü	L	E	K	Y	E	H	D	E	Ğ	E	R
S	A	T	Ş	Z	I	Z	N	L	T	E	P	L	M	U
T	Ğ	J	A	U	Y	B	S	A	M	D	P	C	K	L
A	A	J	R	N	S	I	O	G	U	F	K	K	E	M
K	N	P	T	I	I	G	L	M	I	R	I	T	A	Y
I	D	Y	U	E	L	S	D	Q	I	A	H	A	K	V
F	I	R	A	Z	E	D	P	A	E	T	H	U	J	R
I	Ş	A	Y	Q	N	S	K	R	A	A	A	M	O	K
Y	I	K	S	U	A	İ	K	J	P	T	G	J	U	Y
A	O	U	Z	D	J	K	E	Z	S	A	N	A	T	K
T	D	Z	E	R	P	K	E	A	R	P	V	J	I	Q
D	R	Q	T	F	Z	E	T	I	L	A	K	M	J	P
F	O	F	Q	U	O	F	R	D	L	T	T	Z	V	V

YAŞ
OTANTIK
DEKORATİF
ZARIF
GALERİ
YATIRIM
YÜZYIL
SANAT
MOBILYA
SİKKE
FIYAT
KALITE
TAKI
HEYKEL
TARZ
OLAĞAN DIŞI
DEĞER
ŞART

82 - Adjektive #2

S	V	N	P	N	D	M	P	B	B	E	T	L	V	T
R	A	O	B	O	K	L	D	P	P	N	U	K	N	A
M	H	R	R	A	T	Q	P	K	T	T	Z	M	F	E
N	Ş	M	F	I	R	A	Z	N	C	E	L	O	Q	B
A	İ	A	D	D	L	K	Q	U	L	R	U	R	U	G
Ç	C	L	O	R	Ü	I	O	S	A	E	T	A	Z	E
I	A	S	Ğ	A	Q	N	B	L	K	S	R	M	G	M
K	M	O	A	M	A	G	L	E	R	A	S	A	R	R
L	O	R	L	A	M	Q	D	Ü	L	N	L	M	S	Ü
A	T	U	J	T	Q	V	G	Y	R	I	L	Q	E	L
Y	A	M	P	İ	Y	F	O	E	M	K	N	O	G	Ç
I	N	L	G	K	F	E	Q	N	E	K	T	E	R	Ü
C	T	U	I	V	D	I	C	I	T	A	R	A	Y	G
I	I	L	K	I	L	Ğ	A	S	A	R	O	B	E	Z
A	K	M	V	V	O	A	D	J	L	Z	R	P	A	C

OTANTIK
ÜNLÜ
AÇIKLAYICI
DRAMATİK
ZARIF
YENILEBILIR
TAZE
SAĞLIKLI
AÇ
ENTERESAN
YARATICI
DOĞAL
YENI
NORMAL
ÜRETKEN
TUZLU
GÜÇLÜ
GURURLU
SORUMLU
VAHŞİ

83 - Kleidung

P	F	K	F	N	D	S	R	G	P	B	R	Ö	G	B
R	J	Q	N	D	V	K	A	Z	A	K	I	N	P	I
A	Y	A	K	K	A	B	I	N	E	U	A	L	I	L
Ş	E	K	E	Z	Z	L	F	V	D	L	R	Ü	C	E
E	J	P	L	E	A	Q	B	Y	F	A	B	K	P	Z
K	Z	A	M	Z	L	L	J	L	D	D	L	I	G	I
J	Q	Ş	Ö	Y	K	D	T	M	H	O	J	E	S	K
S	R	Z	G	N	O	I	I	E	J	M	Q	U	T	E
M	L	D	Z	U	L	B	I	V	P	İ	J	A	M	A
S	G	R	U	O	Y	M	T	H	E	C	E	K	E	T
N	E	K	V	U	E	E	T	E	K	N	Q	G	L	O
P	A	N	T	O	L	O	N	T	L	K	L	E	K	K
Q	U	B	H	G	M	K	V	A	G	V	M	E	N	J
K	E	M	E	R	G	B	A	K	I	O	L	Q	R	O
M	J	E	C	P	G	M	K	I	D	E	E	Y	L	I

BILEZIK
BLUZ
KEMER
KOLYE
ELDIVENLER
GÖMLEK
PANTOLON
ŞAPKA
CEKET
KOT

ELBISE
MODA
KAZAK
ETEK
SANDALET
EŞARP
PİJAMA
TAKI
AYAKKABI
ÖNLÜK

84 - Politik

T	P	S	G	J	N	J	Z	T	N	T	G	H	A	J
K	P	O	P	C	E	G	P	E	B	N	J	B	A	H
A	O	Y	P	E	B	H	B	V	V	I	H	K	H	Ü
K	Y	M	R	Ü	T	İ	E	F	G	Ö	R	Ü	Ş	K
T	R	S	İ	R	L	J	S	H	I	A	Y	L	Q	Ü
İ	G	A	G	T	Y	E	A	Q	C	E	V	R	Z	M
V	B	K	R	G	E	T	R	Y	A	D	A	Ü	K	E
İ	E	I	E	J	S	A	R	L	K	R	E	G	A	T
S	S	T	V	I	N	R	U	D	İ	U	Ş	Z	M	Z
T	E	I	İ	D	O	T	H	B	T	K	I	Ö	P	A
N	Ç	L	M	K	K	S	D	Q	İ	S	T	T	A	F
U	I	O	U	L	U	S	A	L	L	L	L	C	N	E
E	M	P	K	I	F	A	Q	M	O	O	I	U	Y	R
B	Q	Q	H	E	Z	S	A	U	P	B	K	T	A	G
O	Z	I	V	I	T	N	J	O	G	L	O	T	R	Z

AKTİVİST
ETİK
ÖZGÜRLÜK
EŞITLIK
KAMPANYA
ADAY
KOMİTE
GÖRÜŞ
ULUSAL

POLITIKA
POLİTİKACI
POPÜLERLİK
KONSEY
HÜKÜMET
ZAFER
VERGİ
STRATEJİ
SEÇIM

85 - Haus

R	E	Y	S	Ü	P	Ü	R	G	E	Ç	M	N	B	K
K	S	R	A	V	U	D	H	Q	U	A	F	O	G	Ü
U	A	U	D	T	A	P	Q	B	I	T	G	G	Z	T
G	N	P	O	Ç	A	A	E	E	B	I	A	J	N	Ü
D	Y	S	I	I	J	K	G	I	A	K	R	V	P	P
G	A	L	N	T	D	L	O	L	C	A	A	M	O	H
I	T	D	U	Ş	J	A	L	D	A	T	J	O	T	A
T	K	A	F	T	U	M	D	V	A	I	M	B	H	N
C	B	A	V	T	V	B	M	L	V	S	A	I	P	E
O	J	M	I	A	C	A	G	A	H	N	I	L	F	R
D	Z	L	T	B	N	Q	P	J	N	J	T	Y	O	E
F	E	C	I	A	S	Z	D	Q	A	R	S	A	Ç	C
R	M	Z	H	H	R	Y	H	E	K	C	H	N	A	N
M	J	T	J	Ç	T	Z	Y	K	M	J	O	Z	T	E
H	N	A	R	E	N	İ	M	Ö	Ş	A	D	H	I	P

SÜPÜRGE
KÜTÜPHANE
ÇATI
ÇATI KATI
TAVAN
DUŞ
PENCERE
GARAJ
BAHÇE
ŞÖMİNE
MUTFAK
LAMBA
MOBILYA
YATAK ODASI
BACA
AYNA
KAPI
DUVAR
ÇIT
ODA

86 - Bauernhof #1

G	Q	K	U	V	A	T	A	G	F	V	O	R	N	V
Ü	S	Z	K	K	T	R	M	F	E	Q	I	Ç	E	K
B	A	U	K	E	N	İ	I	S	A	M	A	N	I	G
R	L	M	A	P	S	K	R	E	T	V	C	V	Ğ	T
E	A	O	R	Ö	G	E	A	Ş	Z	S	P	Y	A	R
O	N	D	G	K	Q	D	T	E	C	R	I	Q	Z	F
U	H	B	A	O	A	İ	B	K	P	O	R	F	U	I
L	S	N	Y	C	A	U	S	O	S	R	I	S	B	M
E	S	O	I	R	D	U	O	A	V	P	N	R	K	I
Y	G	F	Z	D	J	D	N	L	J	A	Ç	I	I	P
R	C	O	R	Y	D	R	P	S	Q	Z	V	B	V	Q
N	M	E	K	G	H	N	R	L	F	L	G	A	N	H
H	G	H	A	B	F	G	R	M	P	D	Z	L	T	B
M	K	D	R	F	A	R	C	B	A	P	H	V	G	E
G	J	J	A	V	L	G	C	O	R	O	R	A	M	H

ARI
GÜBRE
EŞEK
ALAN
SAMAN
BAL
TAVUK
KÖPEK
BUZAĞI
KEDİ
KARGA
İNEK
KARA
TARIM
AT
PIRINÇ
DOMUZ
SU
ÇIT
KEÇI

87 - Regierung

L	K	G	G	H	B	I	K	N	E	A	Z	T	T	T
M	G	B	H	U	K	M	E	M	Y	Z	T	M	S	O
H	T	I	N	A	I	L	J	B	I	J	Q	U	G	B
S	E	M	B	O	L	T	A	R	T	I	Ş	M	A	N
K	L	G	G	S	Z	A	H	A	K	L	A	R	G	B
Z	A	J	C	P	I	S	S	S	İ	Y	A	S	E	T
M	D	N	U	T	S	A	U	U	R	C	M	E	G	Ö
L	A	P	U	Z	M	Y	L	L	L	B	Ş	K	L	Z
I	İ	Y	P	N	I	A	U	R	R	U	U	U	Ö	G
H	K	D	P	L	Ğ	N	S	U	V	V	N	D	B	Ü
Q	Q	Y	E	C	A	A	S	Z	Z	S	O	H	Q	R
V	L	K	R	R	B	K	S	U	B	C	K	N	O	L
E	Ş	I	T	L	I	K	T	H	S	I	V	I	L	Ü
T	Z	Q	T	D	E	M	O	K	R	A	S	İ	O	K
L	O	D	E	V	L	E	T	E	L	B	N	I	V	H

BÖLGE
DEMOKRASİ
ANIT
TARTIŞMA
ÖZGÜRLÜK
HUZURLU
LİDER
ADALET
KANUN
EŞITLIK

ULUS
ULUSAL
SİYASET
HAKLAR
KONUŞMA
DEVLET
SEMBOL
BAĞIMSIZLIK
ANAYASA
SIVIL

88 - Berufe #1

H	R	B	C	O	A	G	Z	C	H	N	V	P	H	A
M	A	Y	D	Z	K	I	Ç	T	A	S	I	S	E	T
K	B	R	E	N	İ	R	E	T	E	V	P	İ	U	D
İ	D	E	I	C	A	K	N	A	B	R	D	K	B	O
Ç	T	S	Ç	T	K	O	Ç	K	V	Z	Q	O	O	K
L	P	V	S	Y	A	R	U	U	K	C	J	L	H	T
E	K	K	N	K	V	C	L	V	P	P	I	O	E	O
K	N	U	A	J	F	K	I	A	Z	S	C	G	M	R
Ü	U	U	D	S	A	N	A	T	Ç	I	R	O	Ş	S
Y	U	Y	P	İ	Y	A	N	İ	S	T	I	L	I	A
Ü	I	M	U	N	E	Y	S	İ	Z	Ü	M	O	R	D
B	Y	C	R	M	O	N	O	R	T	S	A	E	E	Z
L	D	N	G	J	C	G	Z	F	T	Q	T	J	D	M
D	A	G	T	T	G	U	E	B	F	V	Y	I	F	I
M	U	H	A	S	E	B	E	C	I	R	T	F	N	C

- DOKTOR
- ASTRONOM
- BANKACI
- BÜYÜKELÇİ
- MUHASEBECI
- JEOLOG
- AVCI
- KUYUMCU
- HARITACI
- TESISATÇI
- HEMŞIRE
- SANATÇI
- TAMIRCI
- MÜZİSYEN
- PİYANİST
- PSİKOLOG
- AVUKAT
- DANSÇI
- VETERİNER
- KOÇ

89 - Adjektive #1

Ç	Y	T	E	L	J	T	Y	T	M	O	J	J	Z	M
E	E	S	R	S	F	O	G	Z	U	Z	U	Q	U	A
K	A	L	T	U	M	L	A	S	T	A	N	A	S	S
I	L	R	E	Ğ	E	D	K	A	L	I	I	C	R	U
C	A	M	D	E	R	I	N	O	U	Y	K	Z	U	M
I	H	Ğ	S	O	B	K	R	G	C	Ş	T	V	S	B
F	O	P	I	L	L	J	E	L	Y	A	E	E	U	E
D	N	Z	M	R	I	M	D	L	J	V	M	D	K	C
S	T	B	U	L	H	F	O	N	S	A	Y	A	Z	Y
S	I	N	C	E	V	N	M	M	C	Y	A	A	N	Ö
I	S	S	H	Z	D	H	N	B	U	Z	A	L	H	N
T	V	T	S	Ü	R	Ü	D	Ö	N	E	M	L	I	T
F	L	P	J	G	B	U	A	I	E	A	F	K	K	E
A	R	O	M	A	T	İ	K	I	L	N	A	R	A	K
K	M	B	I	T	B	K	Z	S	V	V	K	J	N	Z

MUTLAK
ETKIN
AROMATİK
ÇEKICI
KARANLIK
INCE
DÜRÜST
MUTLU
ÖZDEŞ
SANATSAL

YAVAŞ
MODERN
KUSURSUZ
KOCAMAN
GÜZEL
AĞIR
DERIN
MASUM
DEĞERLI
ÖNEMLI

90 - Geometrie

M	F	G	R	L	D	B	Ö	L	Ü	M	E	B	U	N
Y	A	M	A	L	P	A	S	E	H	K	E	E	K	L
Ü	O	N	E	G	Ç	Ü	J	R	Z	B	H	L	T	E
K	N	O	T	U	Y	O	B	I	R	Ğ	E	J	Y	G
S	S	R	J	I	O	A	G	A	N	N	Y	V	N	U
E	K	A	O	P	K	S	L	D	Z	Z	K	O	D	I
K	I	N	Z	Z	S	P	İ	U	T	B	D	D	E	S
L	T	Y	A	T	A	Y	O	M	Y	L	L	V	N	I
I	L	N	K	A	R	E	F	I	E	A	R	E	K	H
K	E	U	C	H	Y	E	M	M	Z	T	P	M	L	I
P	T	M	F	Y	L	K	Q	O	Ü	İ	R	O	E	T
Q	G	A	Ç	Y	G	J	Q	D	Y	Q	M	İ	M	D
U	O	R	M	A	K	O	Ş	U	T	Z	O	N	Z	T
V	K	A	T	N	P	G	Y	Y	G	T	B	U	V	O
B	Z	Q	A	Ç	I	A	D	Z	Z	F	C	F	E	Q

ORAN
HESAPLAMA
BOYUT
ÜÇGEN
ÇAP
DENKLEM
YATAY
YÜKSEKLIK
DAIRE
EĞRI
MANTIK
KITLE
NUMARA
YÜZEY
KOŞUT
KARE
BÖLÜM
SİMETRİ
TEORİ
AÇI

91 - Jazz

N	U	O	P	T	U	I	E	B	D	P	I	K	N	D
C	O	D	Y	L	G	R	Y	Y	E	J	I	M	Z	N
S	G	T	H	O	Q	Z	O	L	O	S	Ç	L	B	Q
M	Ü	Z	İ	S	Y	E	N	L	E	R	T	L	B	I
K	O	M	P	O	Z	I	S	Y	O	N	A	E	E	P
Q	Z	A	M	A	L	Ç	A	Ğ	O	D	N	B	C	S
N	H	V	L	N	Ş	I	K	L	A	K	A	I	A	I
O	J	V	S	B	U	A	A	M	M	P	S	Y	R	N
B	Q	K	I	K	Ü	E	R	E	S	N	O	K	U	E
T	Ü	R	K	C	L	M	Z	K	İ	N	K	E	T	Y
H	V	S	N	R	N	Z	N	H	I	M	N	A	V	I
Y	G	Y	E	M	Ü	Z	I	K	P	N	S	R	J	Q
R	İ	T	İ	M	B	R	Y	I	P	Z	U	J	H	A
F	E	J	F	F	Ş	A	Y	E	T	E	N	E	K	G
P	E	C	D	K	Z	T	O	R	K	E	S	T	R	A

ALBÜM
YAŞ
ALKIŞ
ÜNLÜ
TÜR
DOĞAÇLAMA
BESTECI
KONSER
SANATÇI
ŞARKI
MÜZIK
MÜZİSYENLER
YENI
ORKESTRA
RİTİM
SOLO
TARZ
YETENEK
TEKNİK
KOMPOZISYON

92 - Mathematatik

Ç	A	C	J	N	K	I	L	A	D	N	O	B	R	F
S	E	R	Ü	K	N	E	G	T	R	Ö	D	K	I	D
M	R	V	İ	İ	H	M	S	Ü	J	Ü	B	B	O	B
U	A	I	R	T	N	O	V	I	İ	Ç	L	Q	T	O
A	K	K	T	E	P	Y	T	U	R	G	Q	Q	O	A
D	Q	O	E	M	R	T	C	Q	T	E	N	G	L	G
I	H	Ş	M	T	F	C	H	A	E	N	Y	E	N	N
P	D	U	İ	İ	N	F	Z	R	M	F	B	V	L	M
D	C	T	S	R	E	P	P	A	O	D	A	U	V	B
F	L	M	M	A	G	A	K	L	E	D	G	E	D	I
T	Ç	R	F	B	K	M	H	I	G	Q	E	B	Y	M
Z	M	A	L	P	O	T	J	Ç	U	Q	T	Y	N	P
H	K	Z	P	A	Ç	I	R	A	Y	C	S	Q	M	K
H	A	C	I	M	E	L	K	N	E	D	D	H	Y	G
P	A	R	A	L	E	L	K	E	N	A	R	S	I	G

ARİTMETİK
KESIR
ONDALIK
ÜÇGEN
ÇAP
ÜS
GEOMETRİ
DENKLEM
KÜRE
KOŞUT
PARALELKENAR
ÇOKGEN
KARE
YARIÇAP
DIKDÖRTGEN
TOPLAM
SİMETRİ
ÇEVRE
HACIM
AÇILAR

93 - Messungen

L	Z	M	L	Z	K	U	L	N	U	Z	U	R	S	S
E	İ	F	A	Y	T	İ	Q	L	İ	Z	H	H	A	T
A	P	T	G	R	A	M	L	Z	N	N	A	S	N	O
F	C	Y	R	O	R	U	I	O	Ç	D	C	J	T	K
B	H	A	E	E	N	U	P	Q	G	G	I	A	İ	İ
J	V	B	A	A	R	D	R	K	J	R	M	P	M	L
Z	F	C	T	O	N	T	A	I	B	E	A	D	E	O
G	E	N	I	Ş	L	I	K	L	M	L	K	M	T	M
D	E	R	I	N	L	I	K	K	I	C	İ	D	R	E
B	M	K	Z	F	P	Z	I	E	R	K	K	E	E	T
O	K	F	I	K	F	Q	L	S	B	F	A	R	F	R
Q	Q	P	N	I	A	G	R	K	L	B	D	E	G	E
Z	N	S	R	T	E	J	I	Ü	M	L	N	C	U	J
T	S	C	E	L	Q	C	Ğ	Y	Z	N	P	E	Q	C
D	C	R	B	E	M	M	A	Y	M	E	T	R	E	B

GENIŞLIK
BAYT
ONDALIK
AĞIRLIK
DERECE
GRAM
YÜKSEKLIK
KİLOGRAM
KİLOMETRE
UZUNLUK
LİTRE
KITLE
METRE
DAKİKA
DERINLIK
TON
ONS
HACIM
SANTİMETRE
İNÇ

94 - Boxen

A	K	N	D	M	J	Y	H	B	K	U	V	V	E	T
J	K	U	V	O	R	K	P	D	E	A	H	T	B	F
M	F	G	R	H	A	L	A	T	H	C	O	J	Z	A
K	G	R	R	T	J	R	I	Z	S	M	E	P	I	K
B	O	O	E	V	A	Y	U	M	R	U	K	R	L	I
T	C	Y	L	T	R	R	F	D	T	Z	E	P	I	D
M	D	E	N	I	Z	Y	M	G	P	P	J	P	F	A
H	A	K	E	M	U	B	F	A	D	I	L	Z	I	H
A	F	A	V	N	L	K	Q	Q	I	K	A	D	O	H
L	U	S	I	V	Ü	C	U	T	R	A	Ö	Z	N	J
E	U	U	D	Z	S	Y	E	O	S	R	N	Ş	C	U
S	M	S	L	P	C	N	Z	Q	E	L	P	Z	E	C
C	N	P	E	B	N	V	V	Q	K	A	Z	A	N	K
T	E	K	M	E	L	E	M	E	K	V	Y	F	E	E
D	Z	E	I	S	A	V	A	Ş	Ç	I	U	F	Ç	U

KÖŞE
DIRSEK
YORGUN
YUMRUK
BECERI
ODAK
RAKIP
ZIL
ELDIVENLER

SAVAŞÇI
TEKMELEMEK
ÇENE
VÜCUT
KURTARMA
HAKEM
HIZLI
HALAT
KUVVET

95 - Psychologie

D	Ü	Ş	Ü	N	C	E	L	E	R	S	O	R	P	T
F	İ	K	İ	R	L	E	R	R	B	J	Z	J	G	R
G	E	R	Ç	E	K	L	I	K	F	I	T	R	A	Q
A	M	N	U	G	Ç	O	C	U	K	L	U	K	B	V
L	N	L	E	İ	K	I	Ş	I	L	I	K	P	İ	H
G	A	C	D	P	F	Z	N	L	O	Z	U	H	L	C
I	Ş	I	N	A	R	V	A	D	Ş	D	N	C	İ	B
D	E	Ğ	E	R	L	E	N	D	I	R	M	E	N	I
R	K	S	R	E	S	E	U	V	L	H	V	M	Ç	L
Z	A	S	C	T	A	N	L	Q	I	A	C	Ş	A	I
J	T	N	K	L	İ	N	İ	K	B	Y	F	I	L	N
J	K	U	D	H	E	N	T	B	R	A	V	K	T	Ç
L	D	R	S	E	I	G	P	L	G	L	P	E	I	S
T	K	O	T	K	V	S	O	F	T	K	G	Ç	O	I
O	N	S	K	R	A	U	E	T	K	İ	L	E	R	Z

DEĞERLENDIRME
BILINÇSIZ
EGO
ETKİLER
DÜŞÜNCELER
FİKİRLER
ÇOCUKLUK
KLİNİK
BILIŞ
ÇEKIŞME
KIŞILIK
SORUN
HIS
RANDEVU
TERAPİ
HAYAL
BİLİNÇALTI
DAVRANIŞ
ALGI
GERÇEKLIK

96 - Bauernhof #2

Q	F	I	H	F	L	Z	Z	J	B	M	M	C	M	F
Q	F	E	O	Y	E	B	E	V	T	I	E	E	Y	Q
G	Y	Z	Q	Y	Y	B	L	L	T	S	Y	V	B	Z
Ç	O	B	A	N	G	V	J	Z	R	I	V	J	C	B
R	D	E	M	D	B	I	A	U	F	R	E	O	Y	R
A	Z	S	A	L	Y	I	Y	R	H	I	Ç	L	J	E
Z	B	I	L	Q	A	P	H	A	P	H	H	G	U	F
P	F	R	U	K	D	M	O	L	S	A	A	U	S	H
Ç	V	R	S	H	Ğ	N	A	N	Ü	I	B	N	R	F
A	N	U	O	C	U	V	A	A	T	K	T	P	J	B
Y	E	M	H	Q	B	Z	K	V	Y	C	P	O	Z	U
I	P	F	Y	H	U	N	U	Y	O	K	E	D	R	Ö
R	K	P	U	M	B	V	Z	A	D	K	R	R	G	Q
M	V	U	I	D	Y	M	U	H	Ç	I	F	T	Ç	I
T	R	A	K	T	Ö	R	M	Z	G	S	Z	F	O	L

ÇIFTÇI
SULAMA
KOVAN
ÖRDEK
MEYVE
SEBZE
ARPA
LAMA
KUZU
MISIR
SÜT
BAHÇE
OLGUN
KOYUN
ÇOBAN
AHIR
HAYVANLAR
TRAKTÖR
BUĞDAY
ÇAYIR

97 - Gartenarbeit

B	M	D	E	E	T	M	U	Y	N	A	I	Y	E	F
A	U	S	Q	M	H	E	I	E	E	E	K	A	G	G
B	H	K	Y	T	O	V	S	N	M	Z	L	P	Z	Z
G	O	U	E	K	R	S	I	I	D	D	I	R	O	S
U	T	G	P	T	T	İ	V	L	Q	D	M	A	T	L
A	V	R	M	G	U	M	O	E	B	K	E	K	I	F
Ç	İ	Ç	E	K	M	L	V	B	O	Y	I	K	K	L
D	B	F	Ç	N	N	İ	B	I	T	D	F	R	Q	S
F	A	L	H	I	Y	K	O	L	A	B	S	T	Y	G
H	Z	P	A	K	U	E	G	I	N	N	K	S	E	H
U	A	H	B	S	Q	T	T	R	İ	Q	Q	O	B	P
S	H	Y	Q	E	U	A	O	N	K	A	R	P	O	T
Y	E	Ş	İ	L	L	İ	K	O	O	P	T	M	Z	L
P	B	M	M	L	Z	G	Q	D	S	K	T	O	P	Y
K	O	L	L	O	B	C	K	D	A	D	P	K	Z	A

YAPRAK
ÇİÇEK
TOPRAK
BOTANİK
KONTEYNER
YENILEBILIR
EGZOTIK
NEM
IKLIM
KOMPOST
YEŞİLLİK
BAHÇE
TOHUM
MEVSİMLİK
HORTUM
KIR
BUKET
SU

98 - Berufe #2

D	A	I	C	A	M	R	I	T	Ş	A	R	A	D	Ç
N	E	M	T	E	R	Ğ	Ö	H	Z	F	O	S	İ	I
A	D	D	D	N	L	R	M	Y	C	F	T	T	L	Z
V	F	Q	E	N	A	H	P	Ü	T	Ü	K	R	B	E
I	H	V	J	K	C	E	R	R	A	H	O	O	İ	R
Ç	U	C	O	H	T	O	L	İ	P	S	D	N	L	B
H	T	Y	Z	Z	F	İ	D	V	V	I	Q	O	İ	İ
A	N	I	Ç	Ş	I	D	F	I	K	D	M	T	M	Y
B	T	J	C	Z	O	O	L	O	G	N	V	C	C	O
A	K	V	J	U	G	A	Z	E	T	E	C	I	İ	L
R	E	S	S	A	M	K	B	E	O	H	L	K	P	O
Z	F	İ	L	O	Z	O	F	K	I	Ü	U	F	Q	G
F	O	T	O	Ğ	R	A	F	Ç	I	M	Y	N	A	J
H	A	P	Y	R	C	H	H	I	H	K	B	R	G	O
I	H	U	H	O	E	Y	L	Z	P	J	Z	G	M	P

DOKTOR
ASTRONOT
KÜTÜPHANE
BİYOLOG
CERRAH
DEDEKTİF
MUCIT
ARAŞTIRMACI
FOTOĞRAFÇI
BAHÇIVAN
ÇIZER
MÜHENDIS
GAZETECI
ÖĞRETMEN
DİLBİLIMCİ
RESSAM
FİLOZOF
PİLOT
DIŞÇI
ZOOLOG

99 - Wetter

A	T	M	O	S	F	E	R	Ü	Z	Ü	Y	K	Ö	G
T	G	M	R	M	Z	I	S	R	K	U	T	U	P	Ö
K	A	S	I	R	G	A	K	E	Ü	L	S	J	D	K
R	N	O	S	U	M	D	I	L	G	Z	U	B	V	G
O	I	T	N	I	S	E	A	M	I	T	G	N	A	Ü
G	T	O	S	O	V	T	F	K	M	M	D	Â	B	R
U	R	U	K	I	L	K	A	C	I	S	İ	S	R	Ü
Y	I	J	I	D	E	A	N	L	U	R	K	V	Z	L
I	F	L	L	D	S	D	B	B	S	T	L	O	C	T
L	R	O	K	G	Ö	K	K	U	Ş	A	Ğ	I	G	Ü
D	S	C	A	İ	G	E	E	T	U	P	H	Q	F	S
I	B	T	R	Z	P	U	E	Y	F	K	Y	V	N	Ü
R	T	F	U	T	I	O	C	U	B	I	C	V	Y	O
I	U	O	K	B	L	M	R	J	L	B	C	D	H	Q
M	L	L	R	Y	Y	Q	S	T	B	U	L	U	T	S

ATMOSFER
YILDIRIM
ESINTI
GÖK GÜRÜLTÜSÜ
KURAKLIK
BUZ
SEL
GÖKYÜZÜ
IKLIM
MUSON
SİS
KUTUP
GÖKKUŞAĞI
FIRTINA
SICAKLIK
KASIRGA
KURU
TROPİK
RÜZGÂR
BULUT

100 - Chemie

S	A	M	N	L	Ü	K	E	L	O	M	P	A	A	E
J	I	L	C	Y	S	E	P	B	R	P	U	Ğ	L	L
K	E	C	D	C	I	U	M	G	G	J	N	I	K	E
M	A	Z	A	G	V	U	C	E	A	R	Ü	R	A	K
L	L	R	P	K	I	I	S	I	N	G	K	L	L	T
M	K	T	B	U	L	V	G	T	İ	A	L	I	İ	R
I	V	F	C	O	Y	I	R	Z	K	Z	E	K	K	O
B	C	F	L	A	N	V	K	B	O	U	E	H	A	N
İ	O	K	S	İ	J	E	N	G	V	T	R	V	T	E
Y	Y	H	D	C	K	Y	F	J	A	L	V	A	A	J
A	R	O	L	K	A	S	İ	T	I	O	T	T	L	O
K	E	G	N	O	Y	I	S	K	A	E	R	L	İ	R
K	T	Q	S	J	N	S	U	I	Y	E	B	A	Z	D
B	R	T	S	H	L	L	N	Z	T	I	F	N	Ö	İ
R	E	N	Z	İ	M	L	L	D	U	H	M	U	R	H

ALKALİ
KLOR
ELEKTRON
ENZİM
SIVI
GAZ
AĞIRLIK
ISI
İYON
KATALİZÖR
KARBON
MOLEKÜL
NÜKLEER
ORGANİK
REAKSIYON
TUZ
OKSİJEN
ASİT
SICAKLIK
HİDROJEN

1 - Gesundheit und Wellness #2

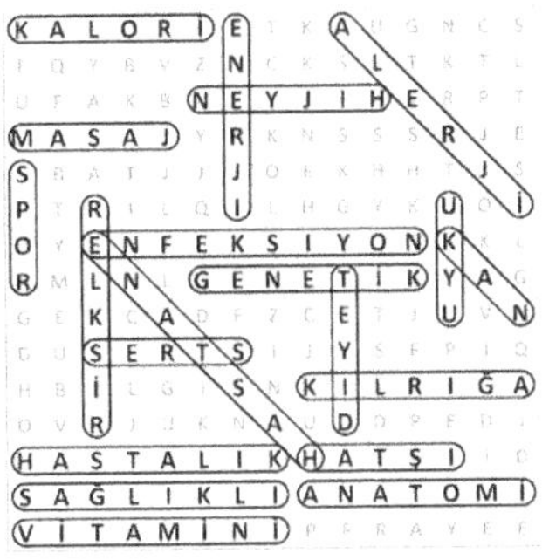

2 - Ozean

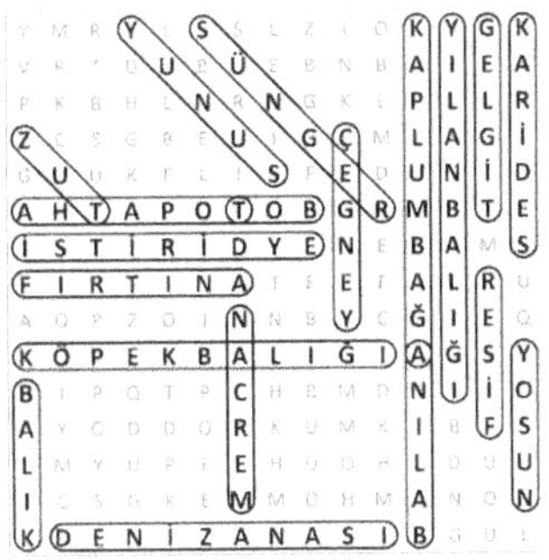

3 - Krankheit

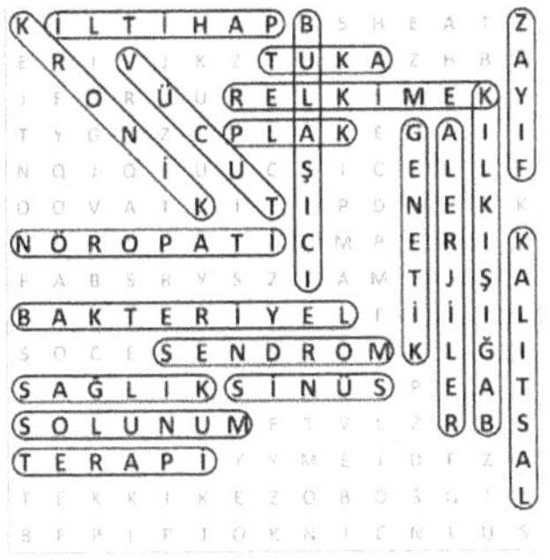

4 - Meditation

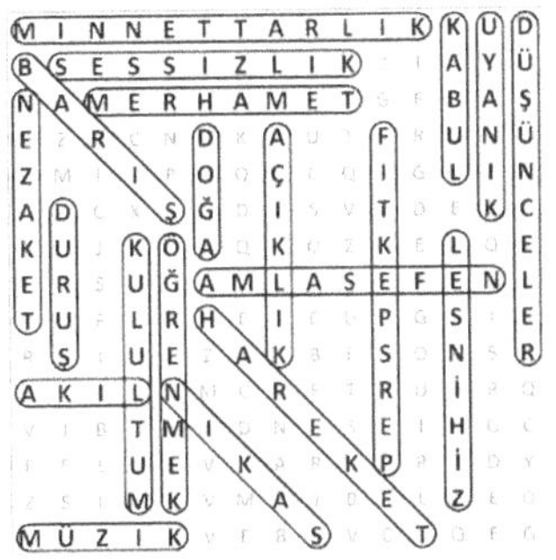

5 - Archäologie

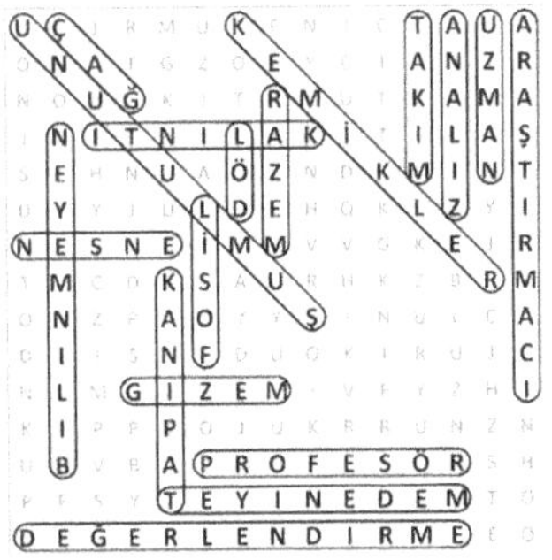

6 - Gesundheit und Wellness #1

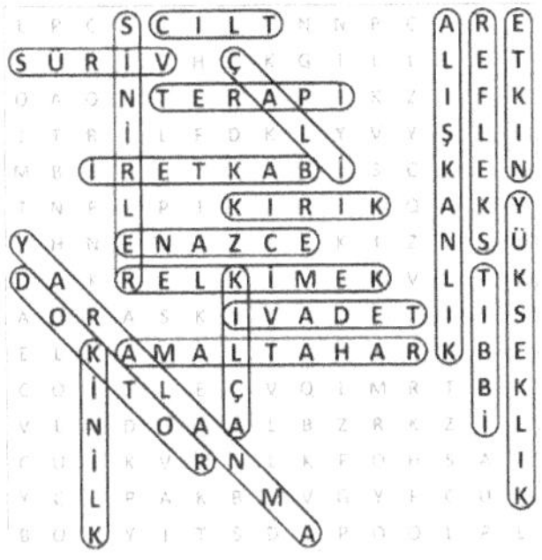

7 - Obst

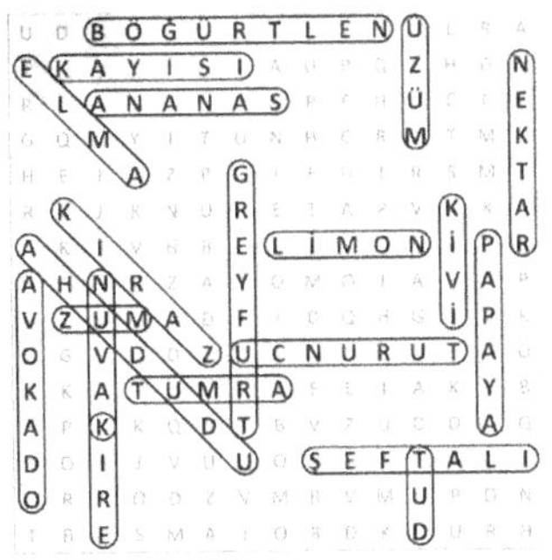

8 - Universum

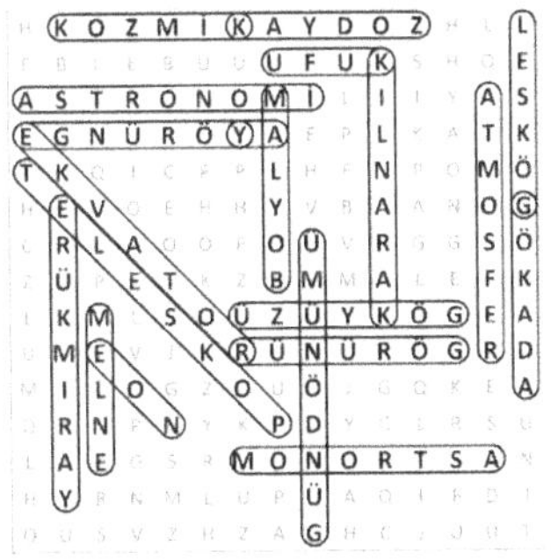

9 - Camping

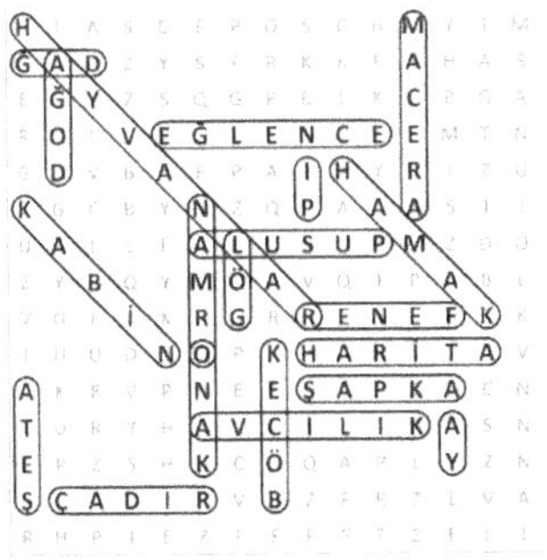

10 - Zeit

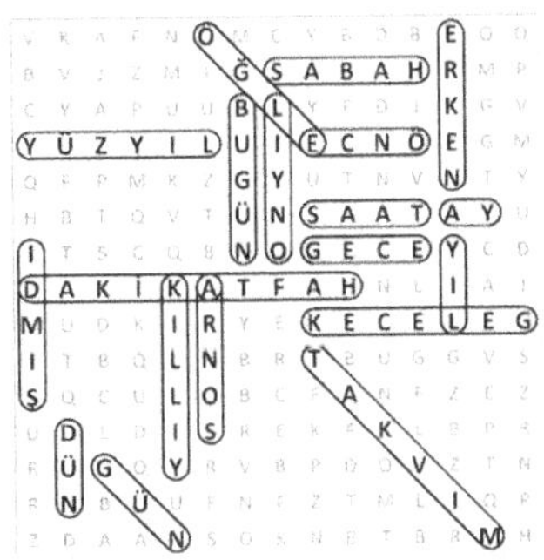

11 - Säugetiere

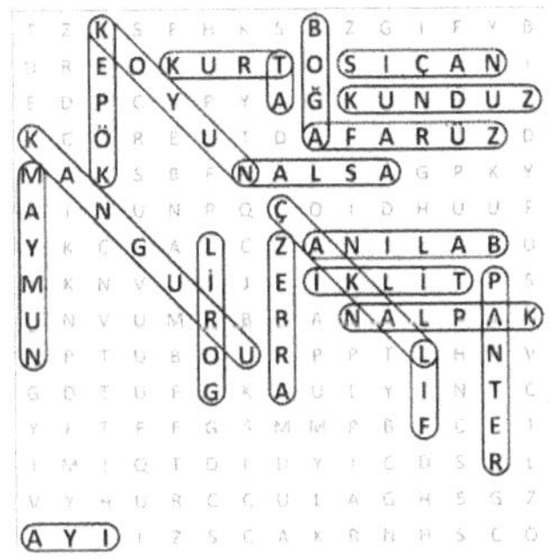

12 - Algebra

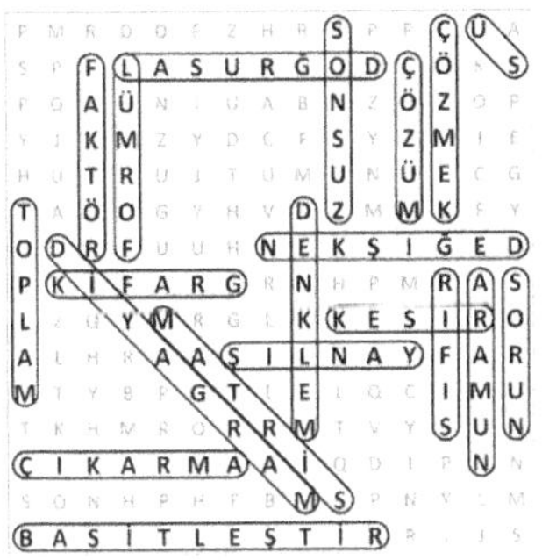

13 - Diplomatie

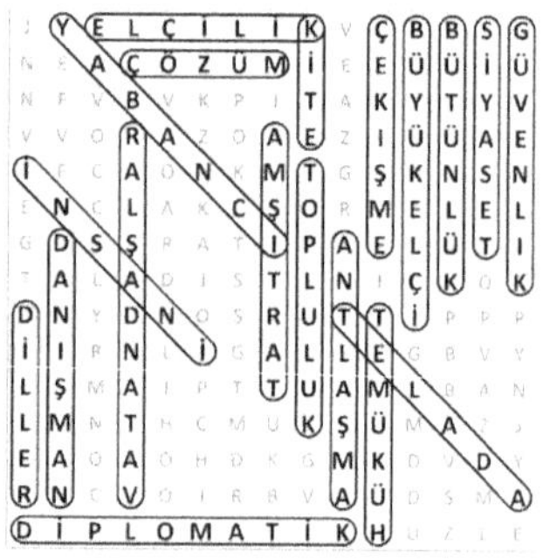

14 - Astronomie

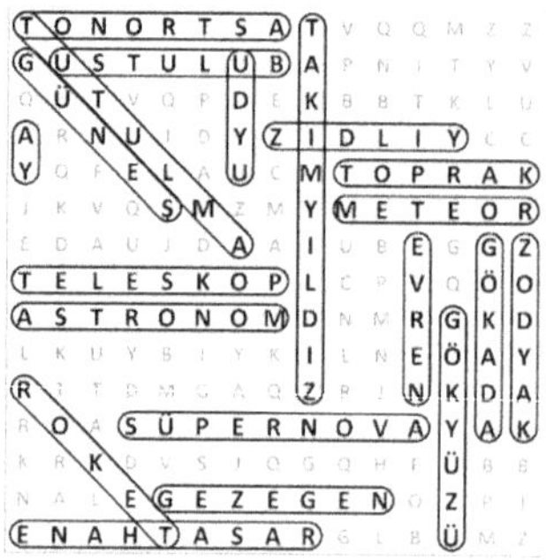

15 - Ballett

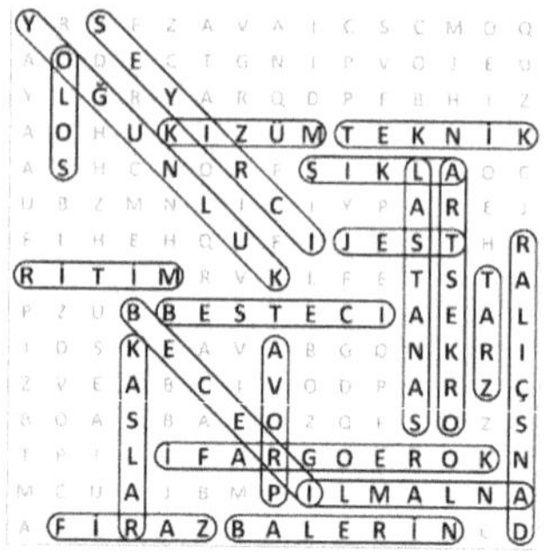

16 - Strand

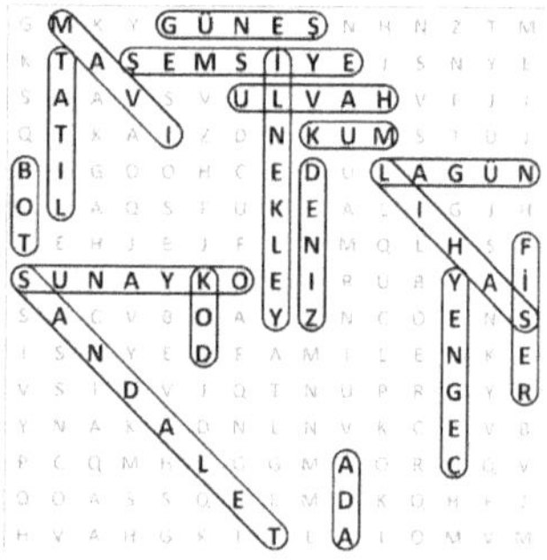

17 - Geologie

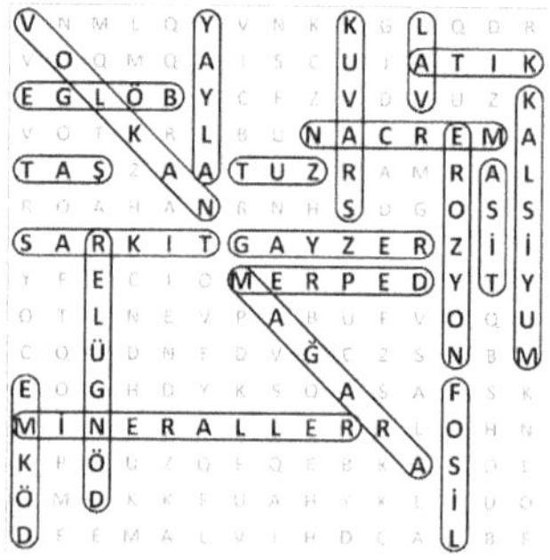

18 - Wissenschaft

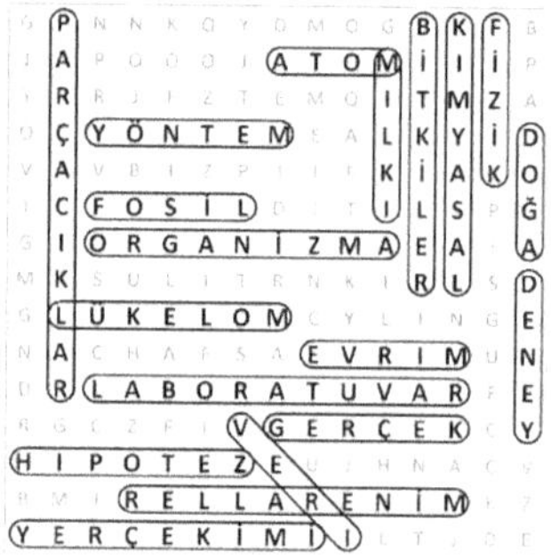

19 - Sport

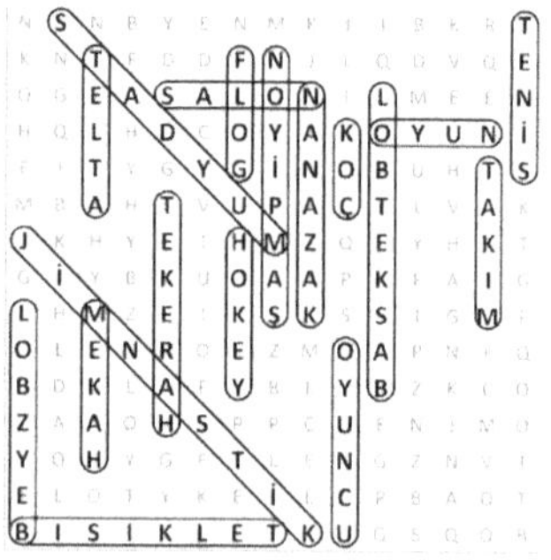

20 - Mythologie

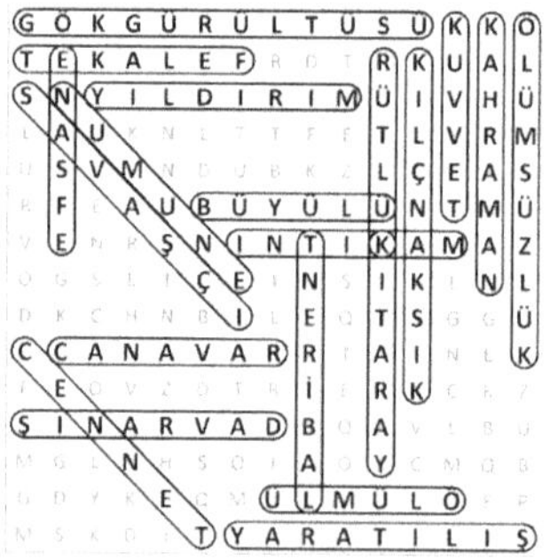

21 - Kraft und Schwerkraft

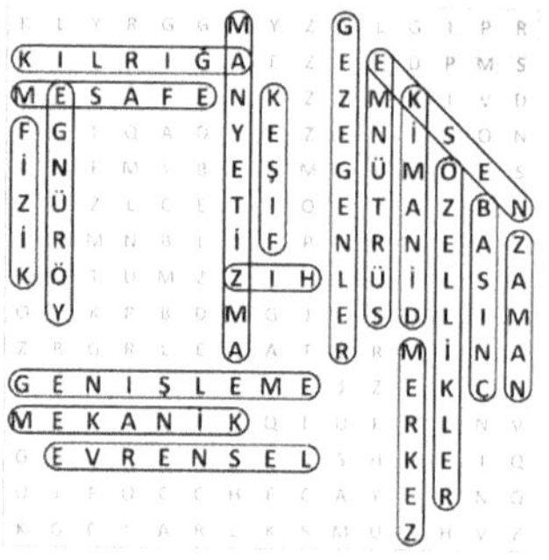

22 - Restaurant #2

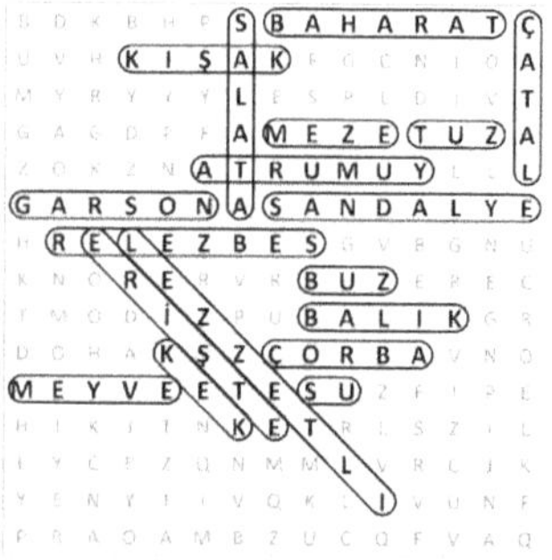

23 - Schokolade

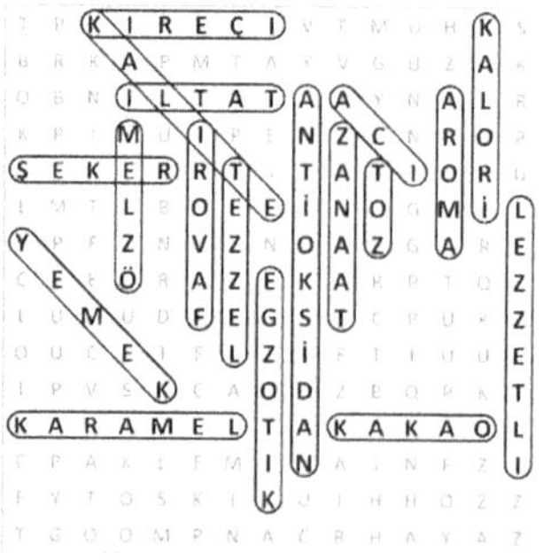

24 - Boote

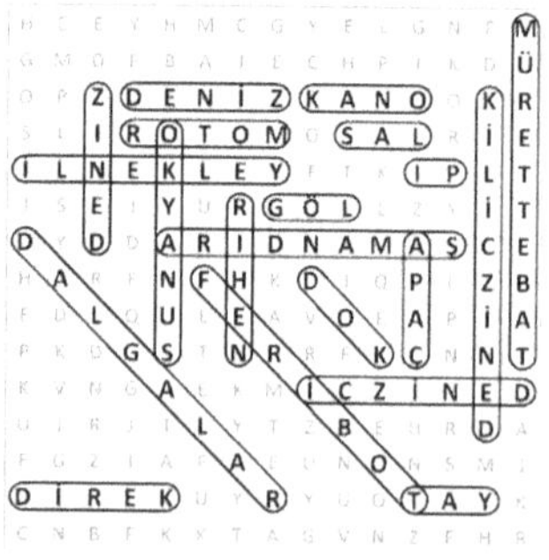

25 - Stadt

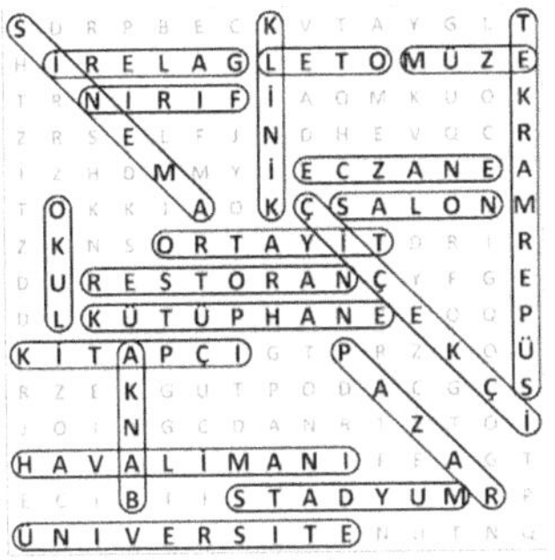

26 - Aktivitäten

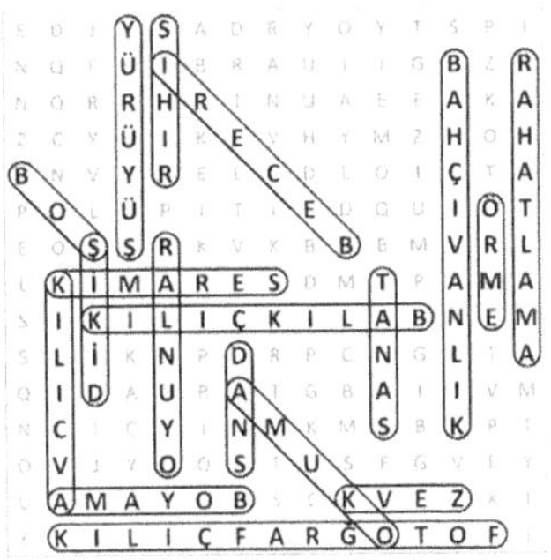

27 - Bienen

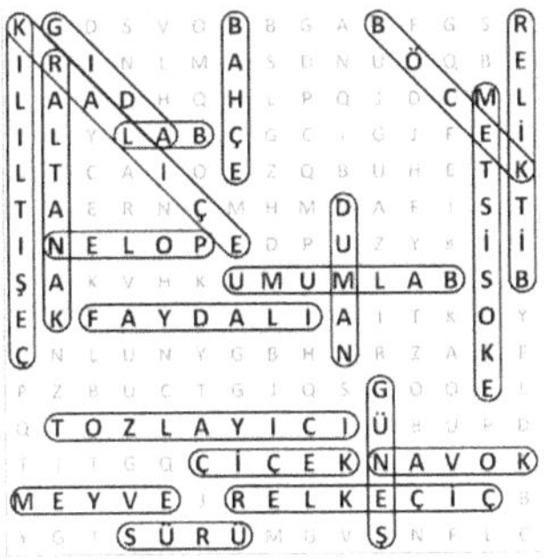

28 - Wissenschaftliche

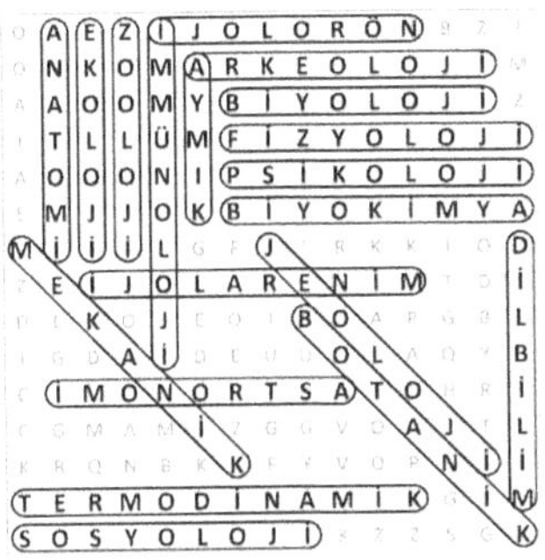

29 - Vögel

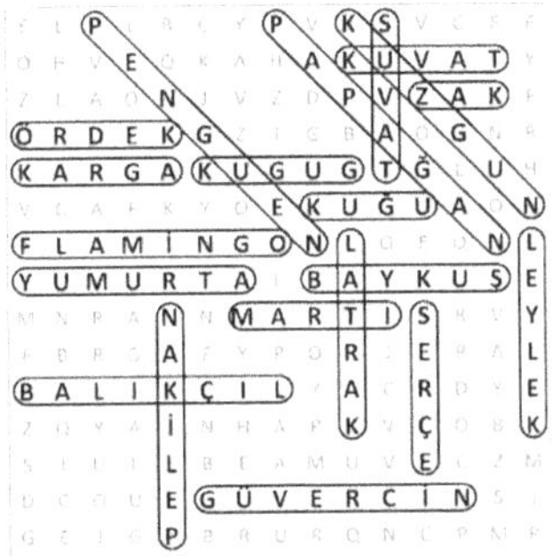

30 - Biologie

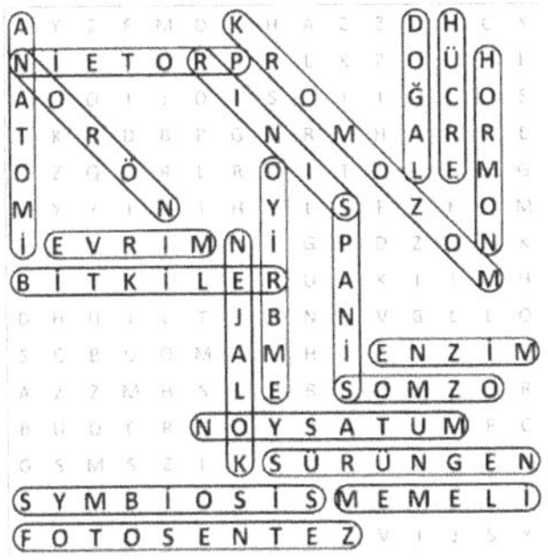

31 - Garten

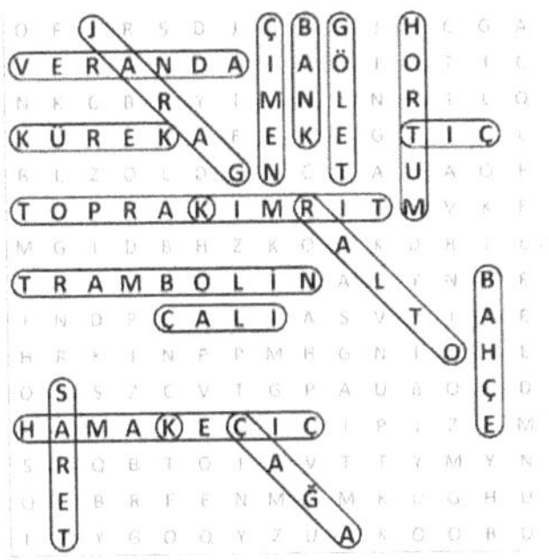

32 - Antarktis

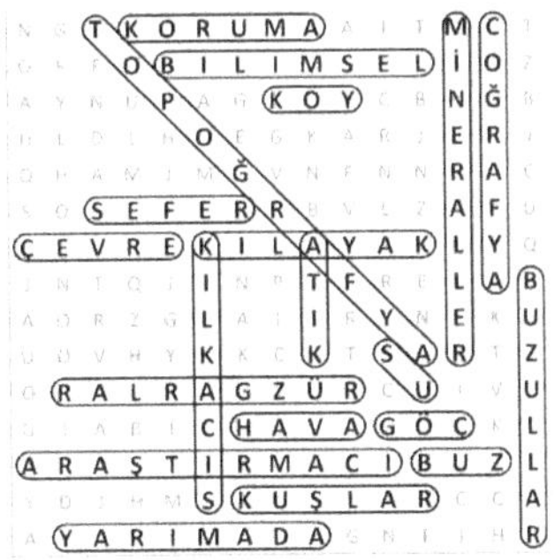

33 - Fahren

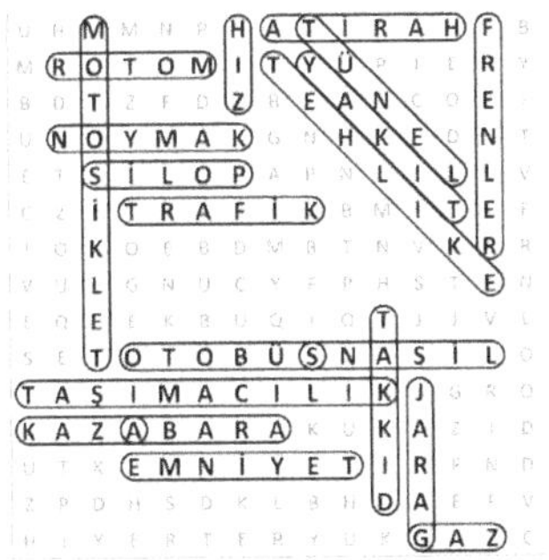

34 - Physik

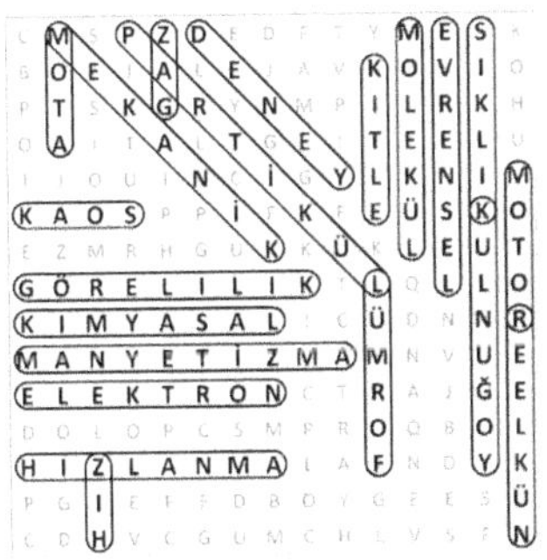

35 - Bücher

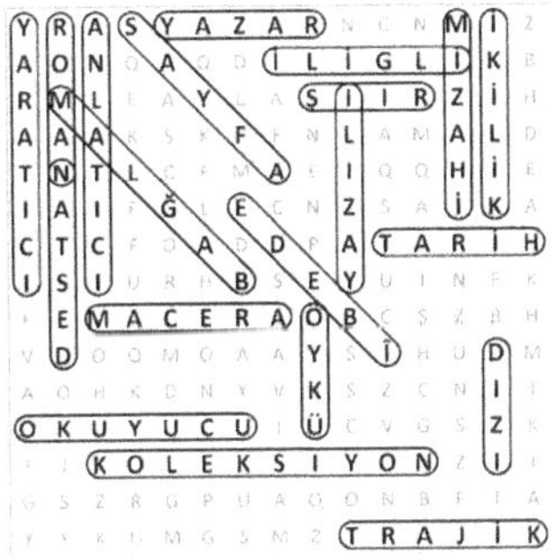

36 - Menschlicher Körper

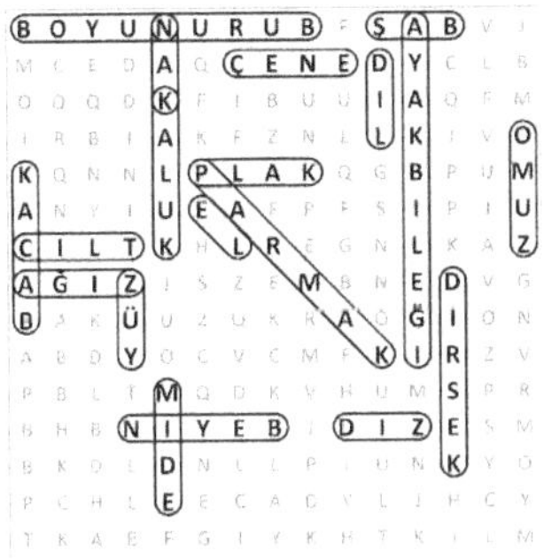

37 - Agronomie

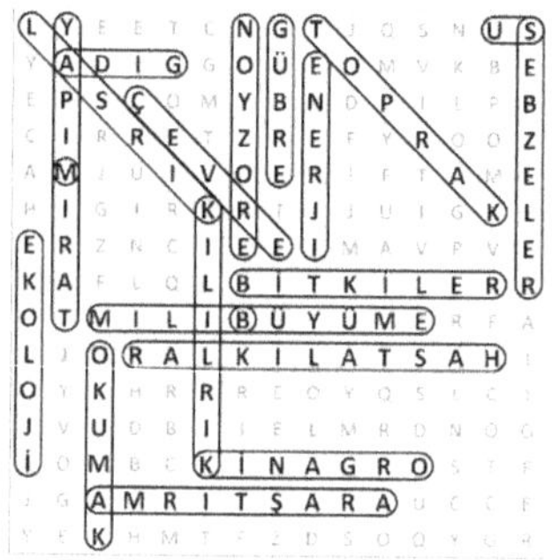

38 - Landschaften

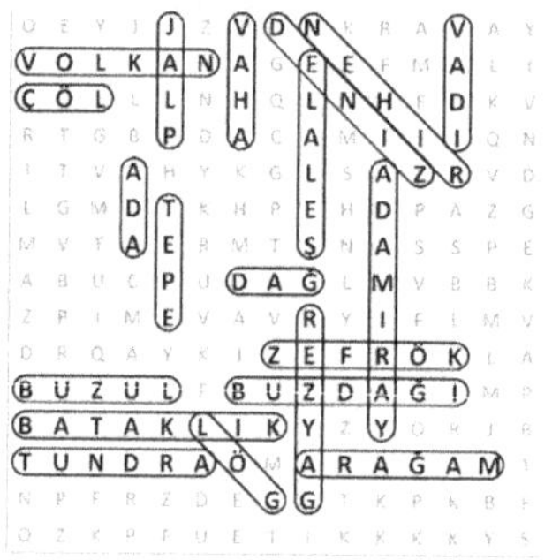

39 - Abenteuer

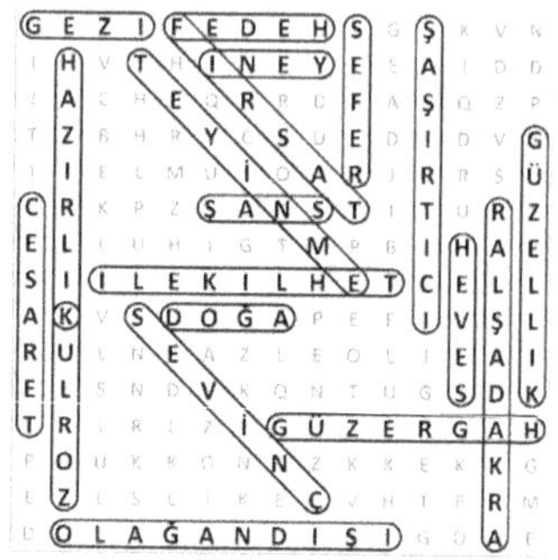

40 - Flugzeuge

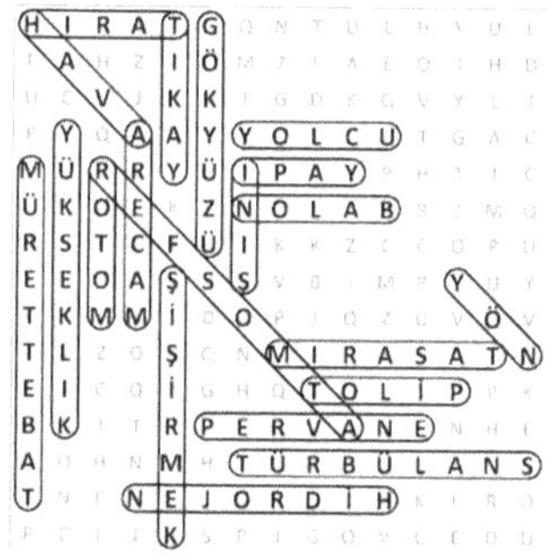

41 - Haartypen

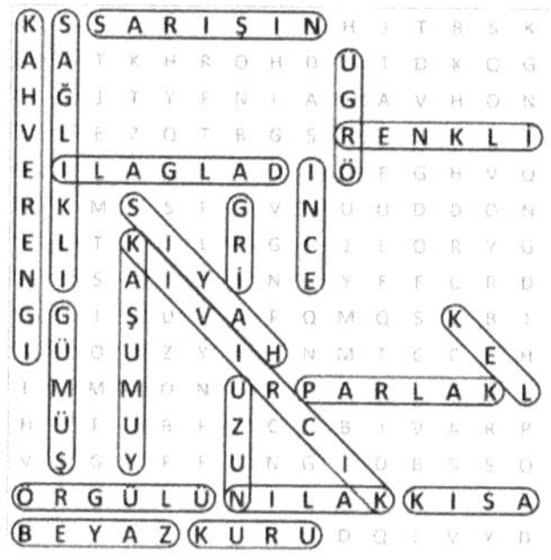

42 - Essen #1

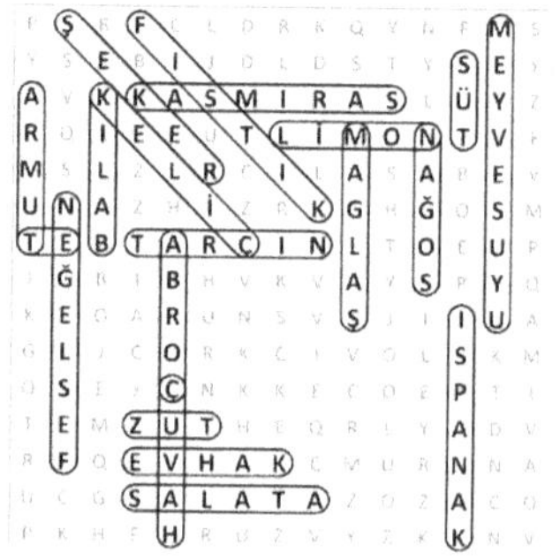

43 - Ethik

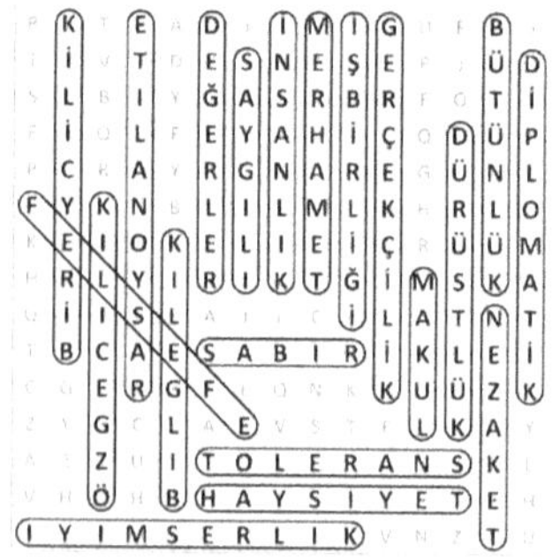

44 - Gebäude

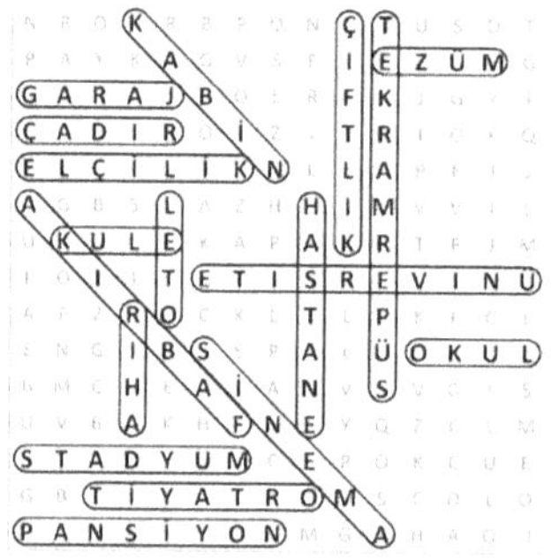

45 - Essen #2

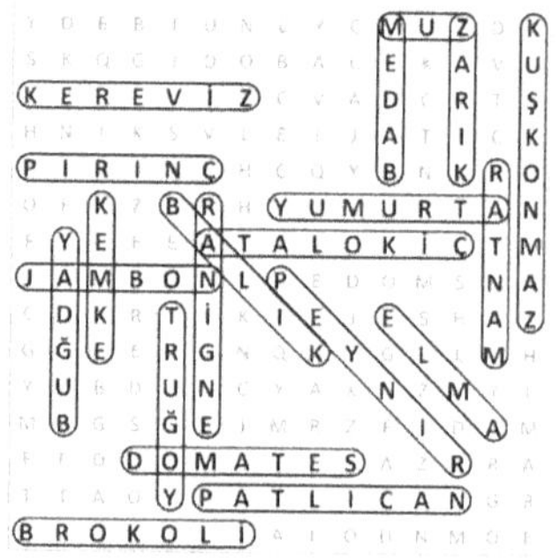

46 - Energie

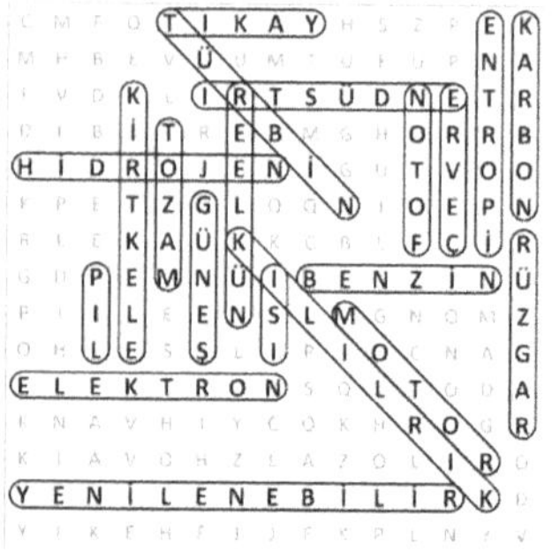

47 - Familie

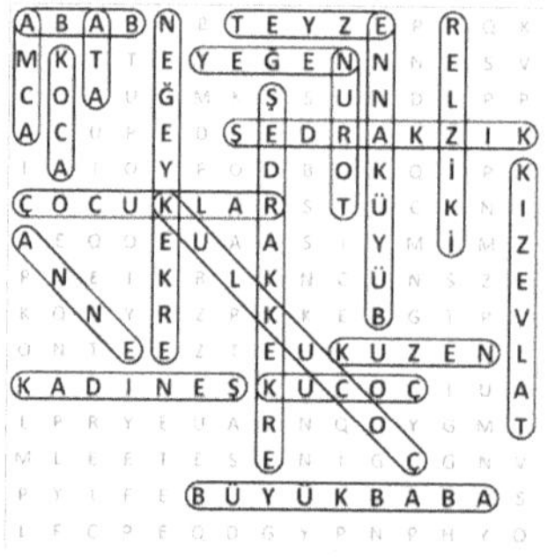

48 - Pflanzen

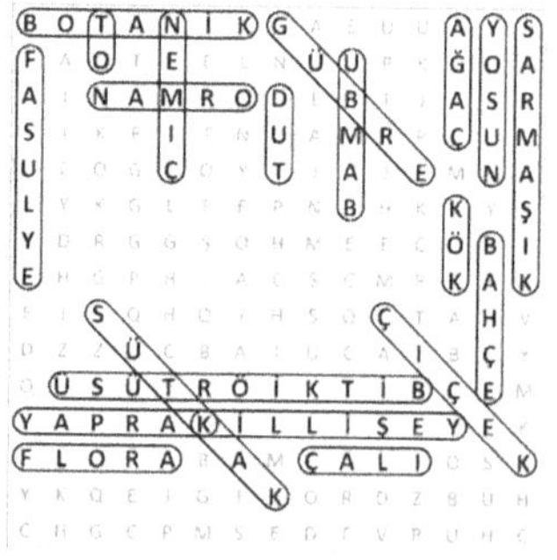

49 - Gewürze

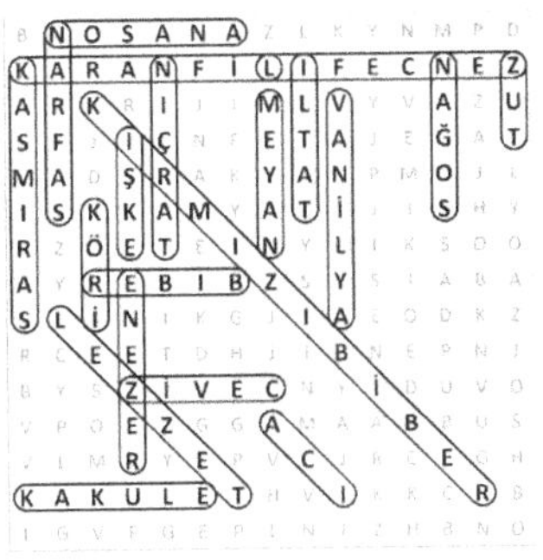

50 - Geschäft

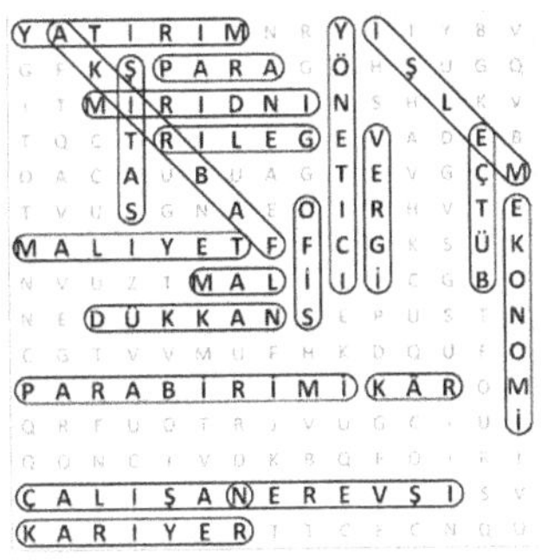

51 - Ingenieurwesen

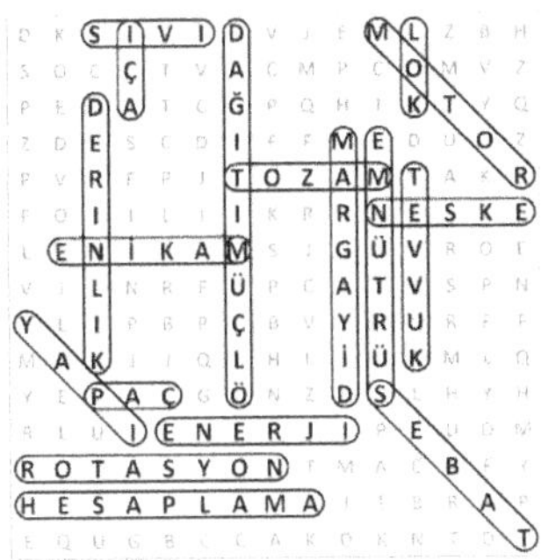

52 - Gemüse

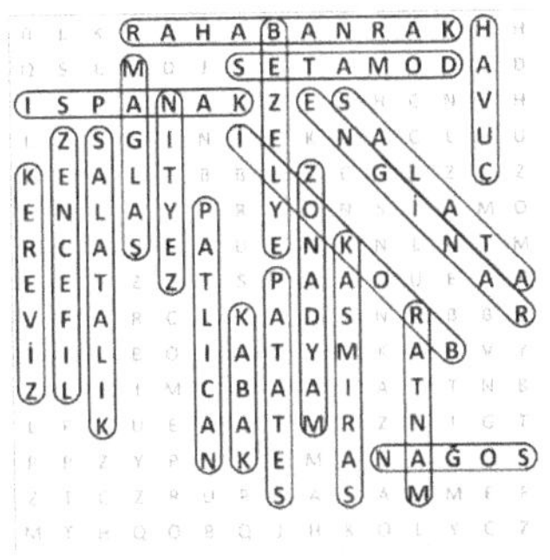

53 - Schönheit

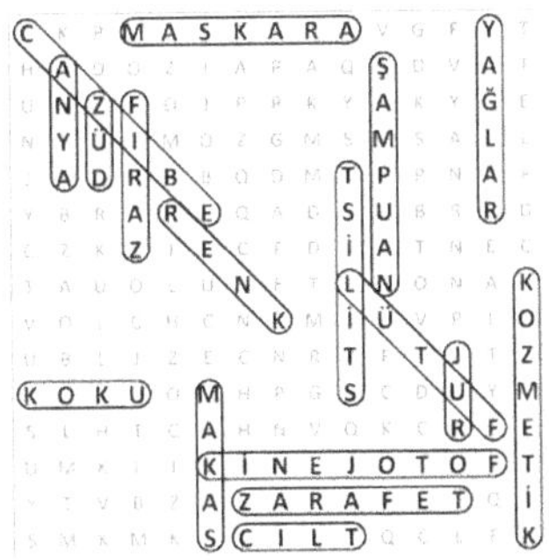

54 - Tanzen

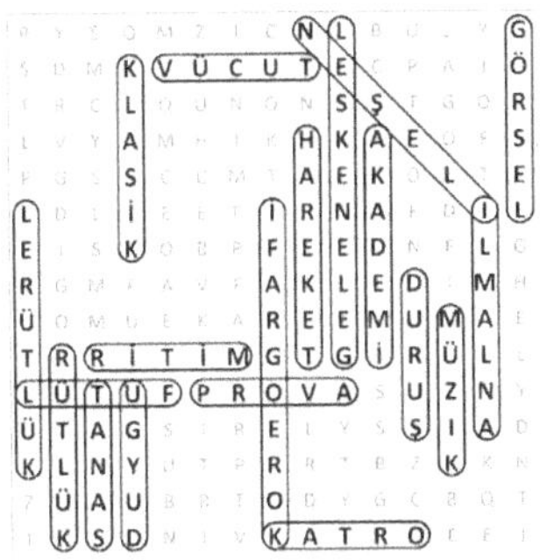

55 - Ernährung

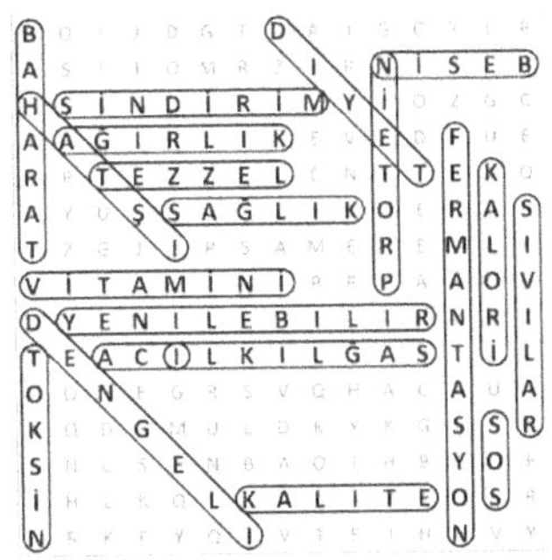

56 - Länder #1

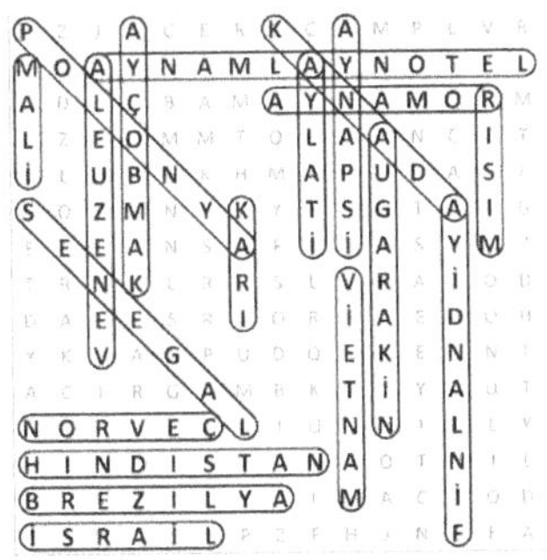

57 - Technologie

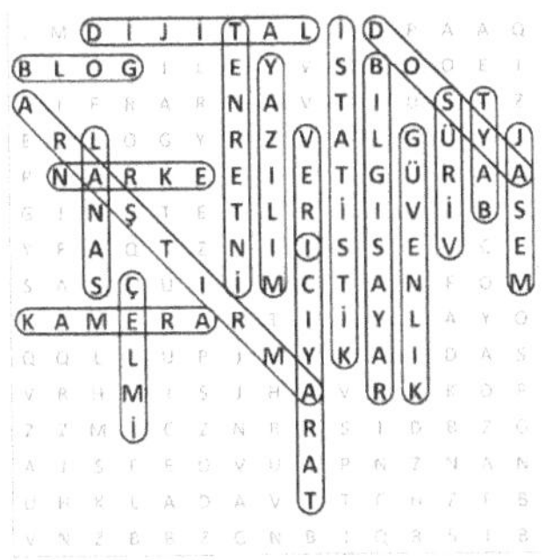

58 - Wasser

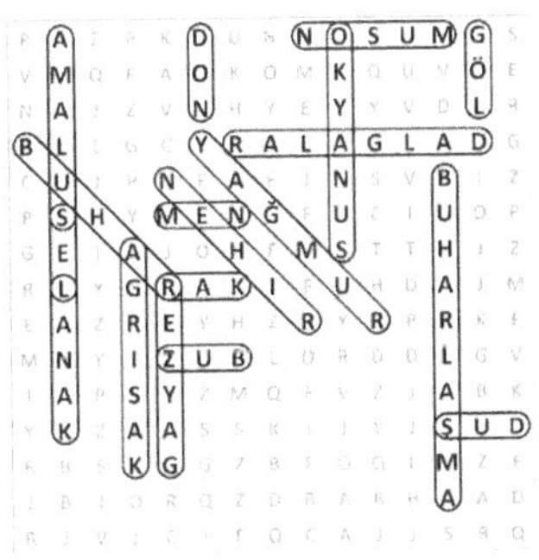

59 - Science Fiction

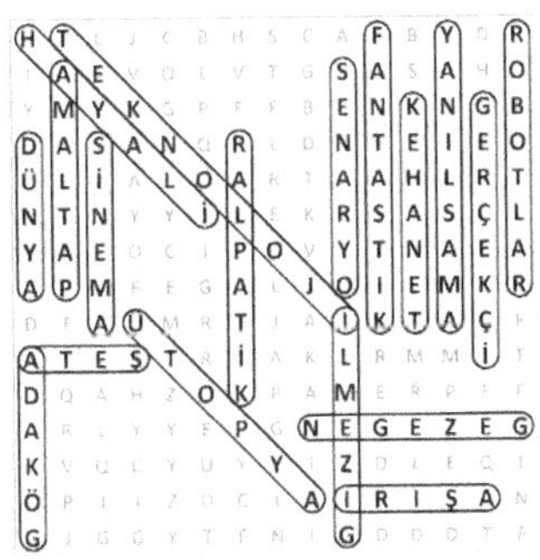

60 - Literatur

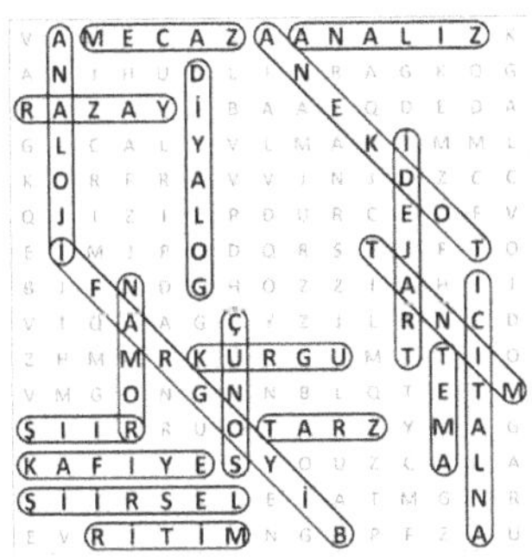

61 - Wandern

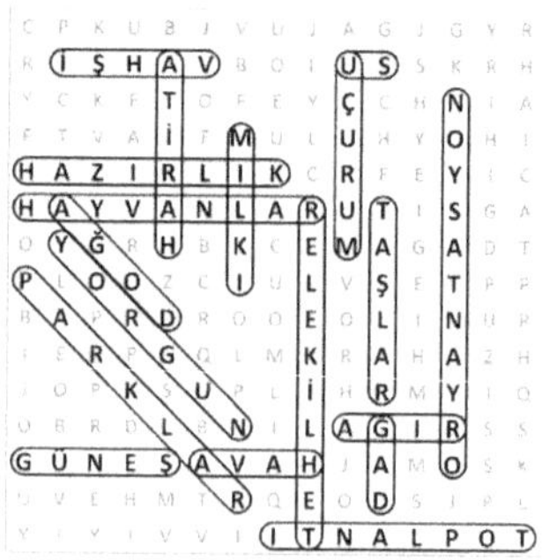

62 - Globale Erwärmung

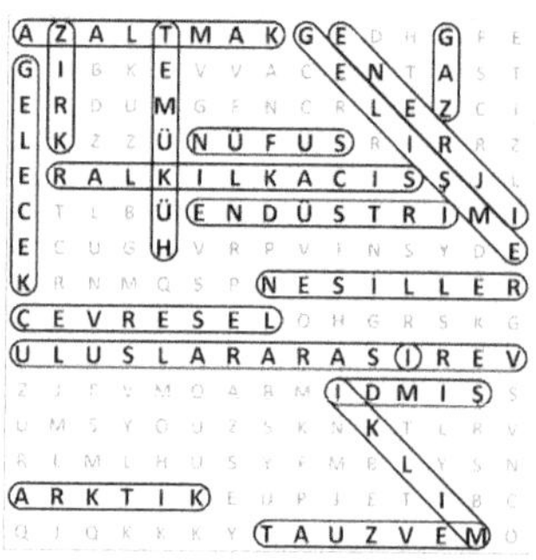

63 - Länder #2

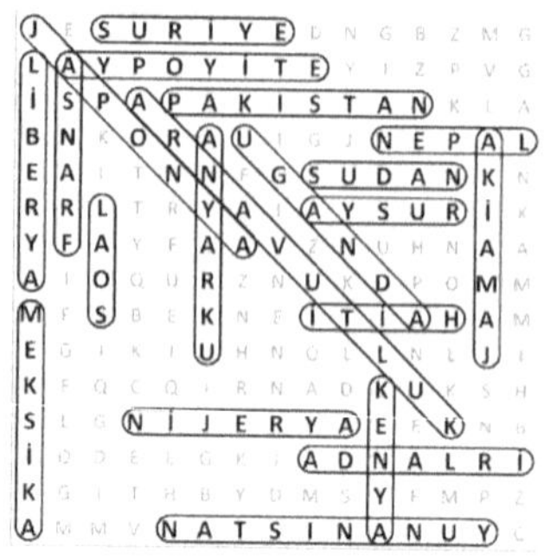

64 - Fahrzeuge

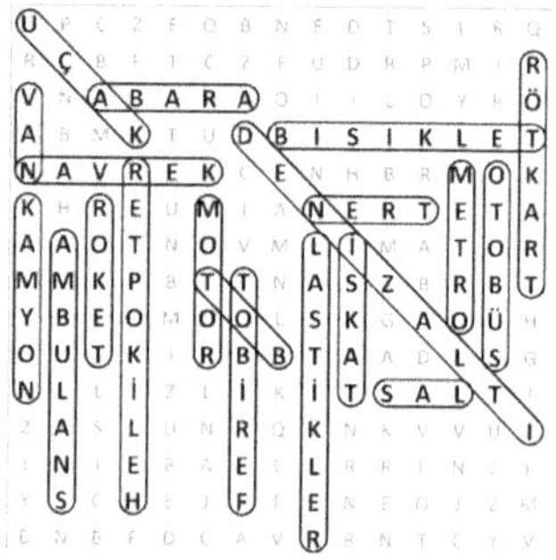

65 - Musikinstrumente

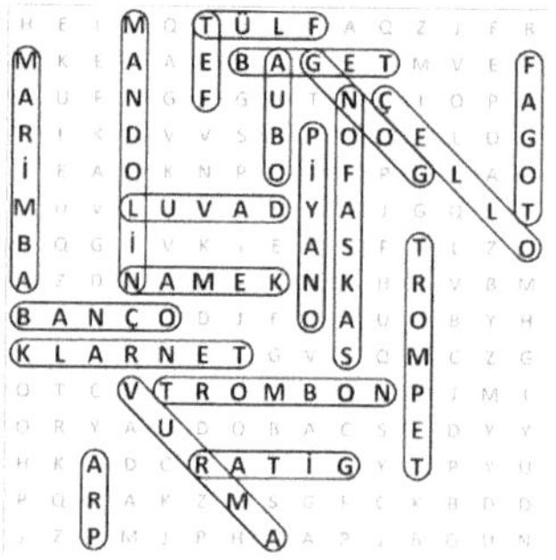

66 - Blumen

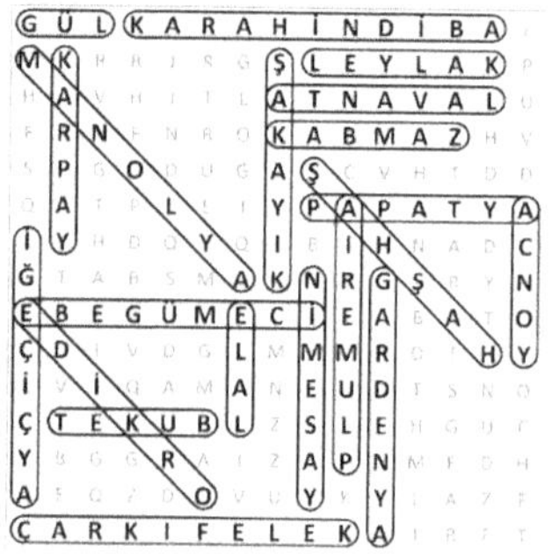

67 - Natur

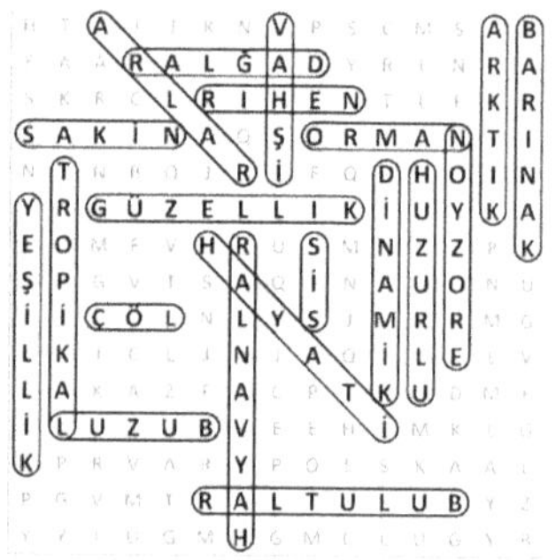

68 - Urlaub #2

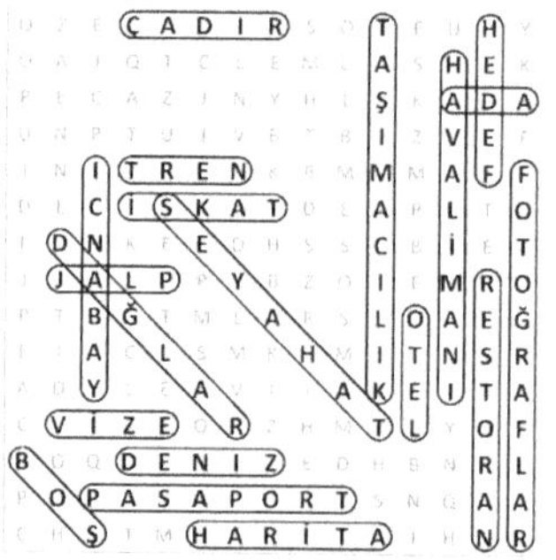

69 - Barbecues

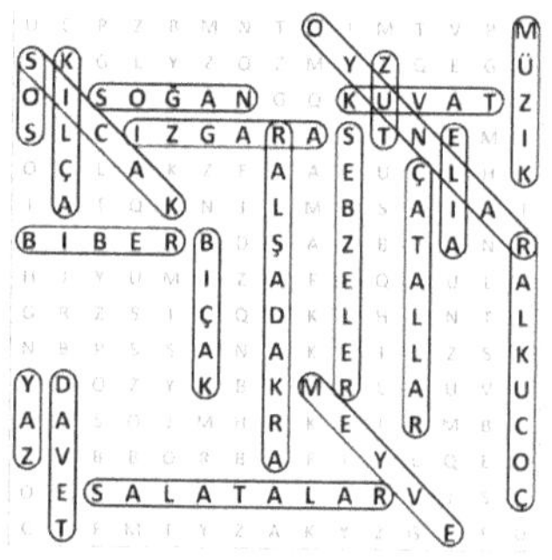

70 - Geographie

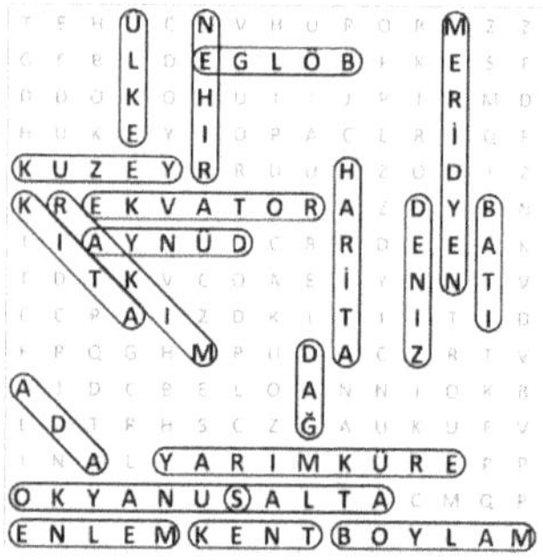

71 - Zahlen

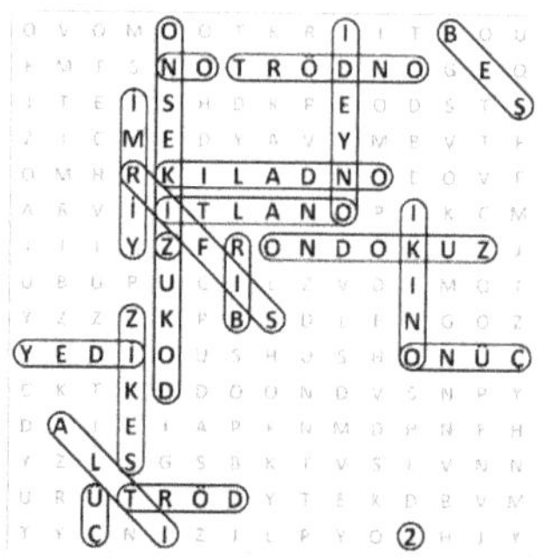

72 - Kunst Liefert

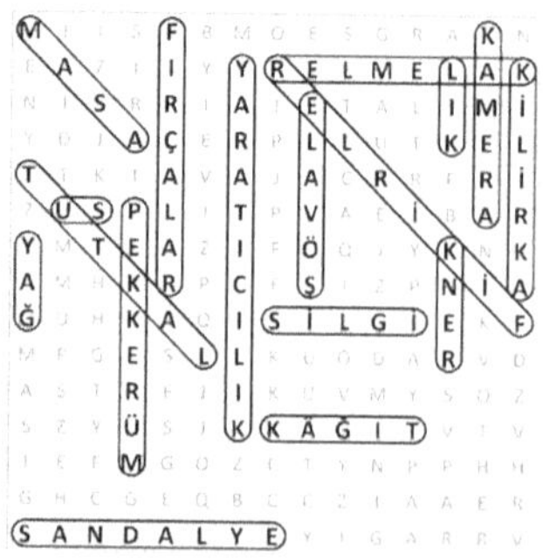

73 - Tage und Monate

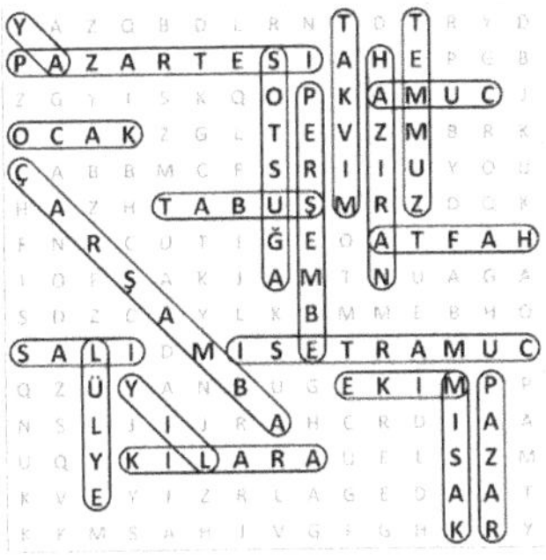

74 - Emotionen

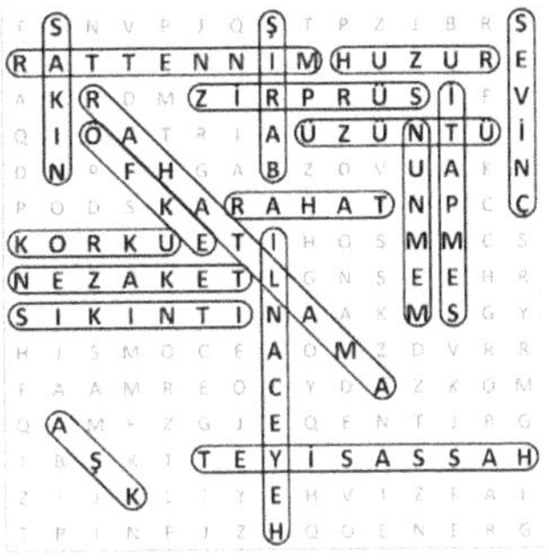

75 - Zu Füllen

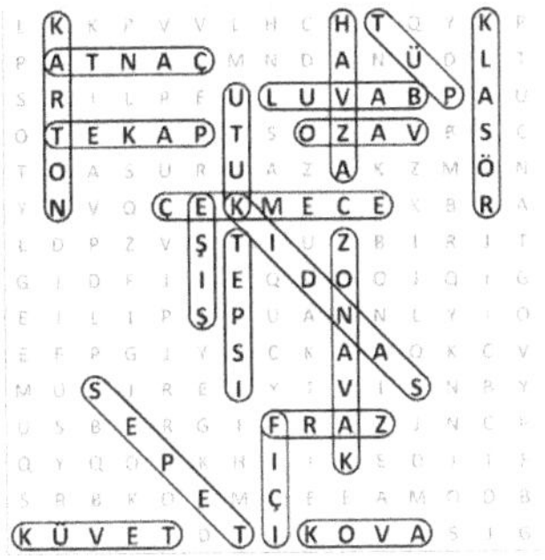

76 - Das Unternehmen

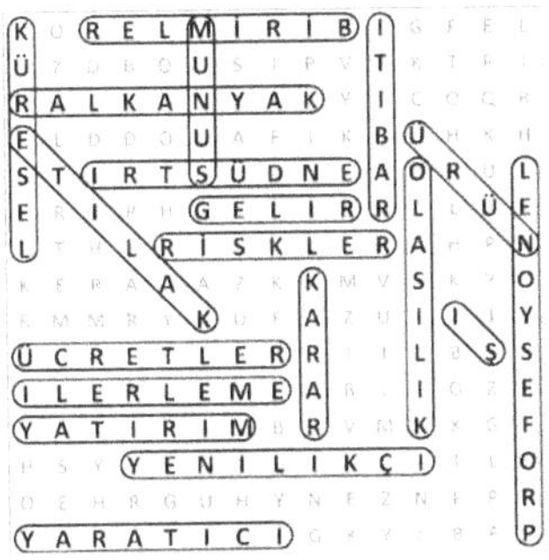

77 - Kräuterkunde

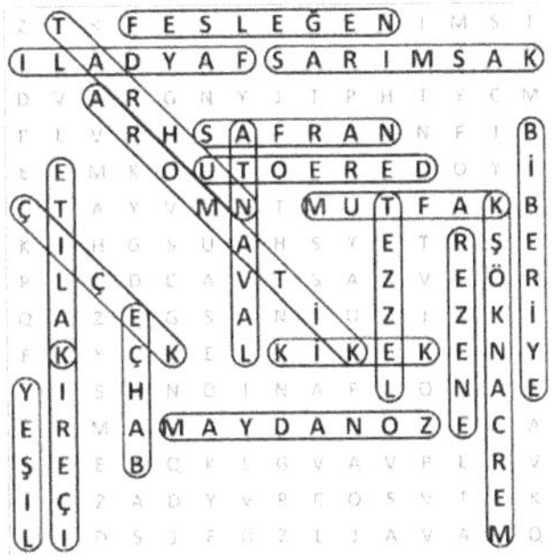

78 - Aktivitäten und Freizeit

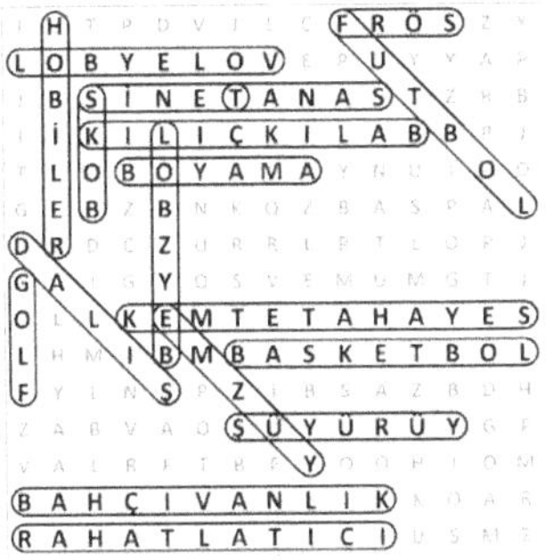

79 - Formen

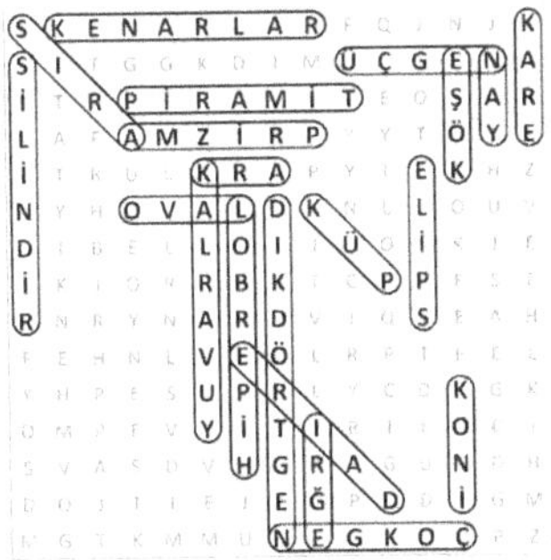

80 - Musik

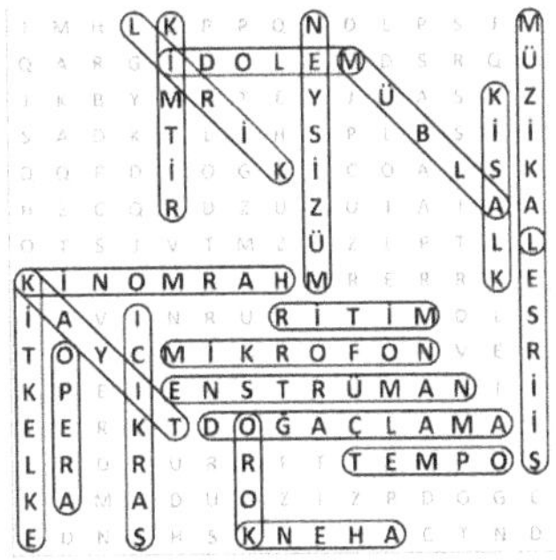

81 - Antiquitäten

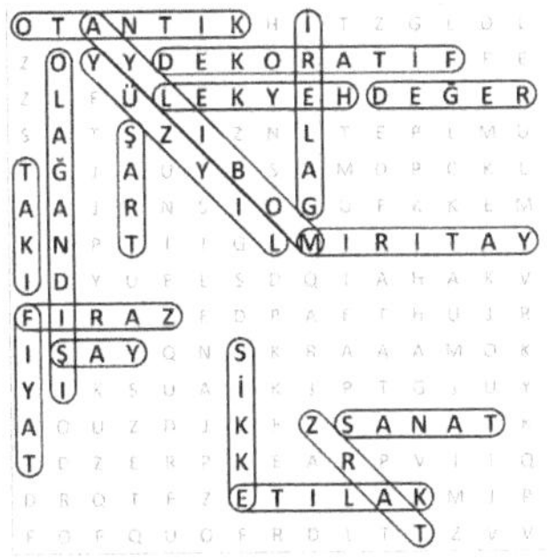

82 - Adjektive #2

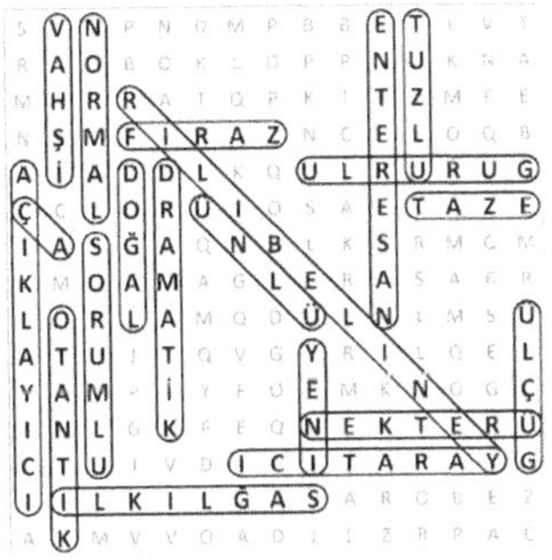

83 - Kleidung

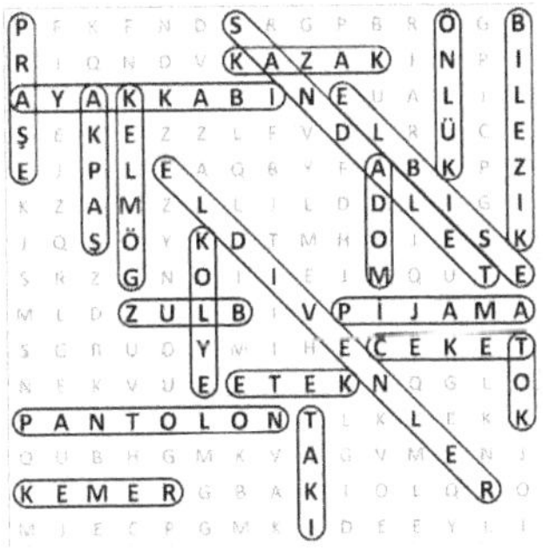

84 - Politik

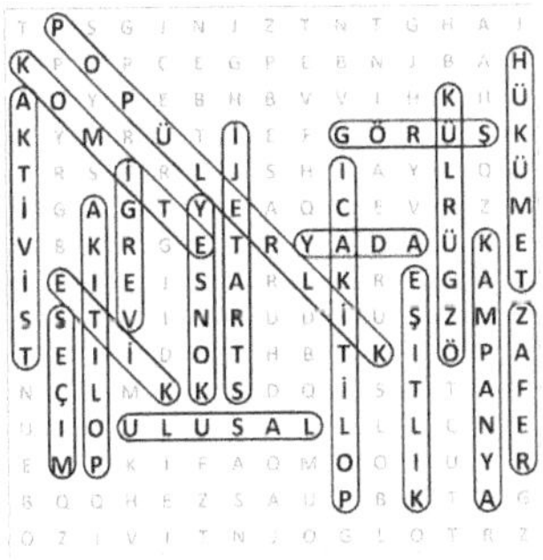

85 - Haus

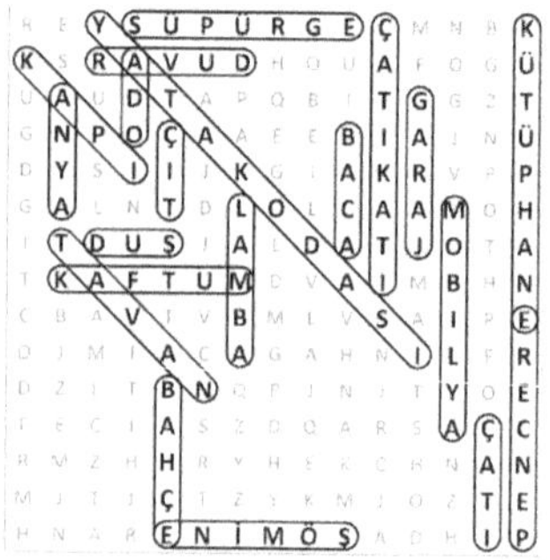

86 - Bauernhof #1

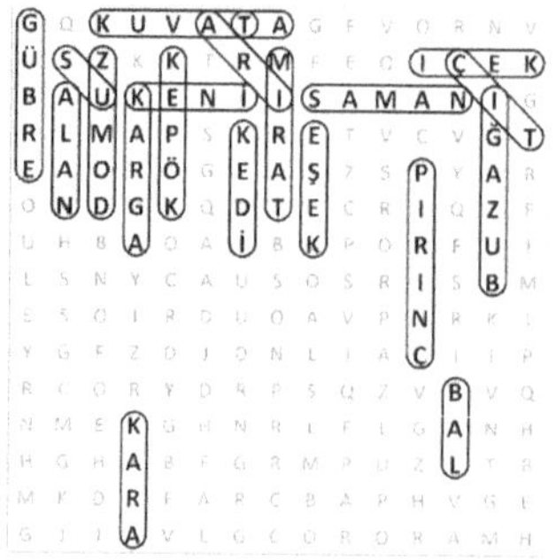

87 - Regierung

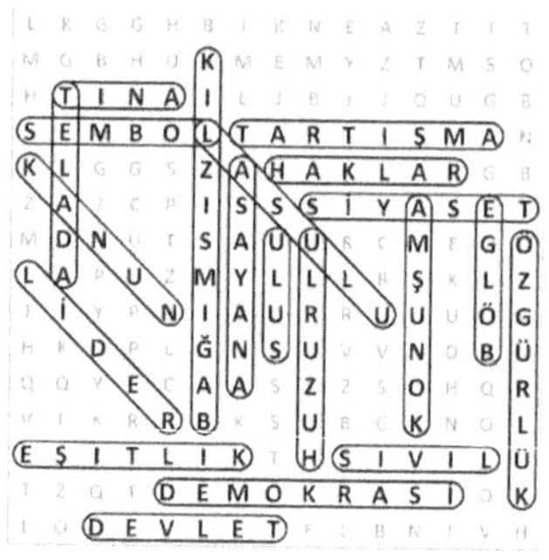

88 - Berufe #1

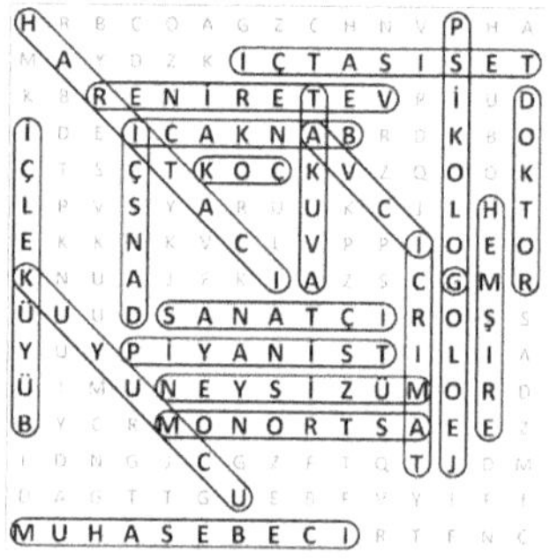

89 - Adjektive #1

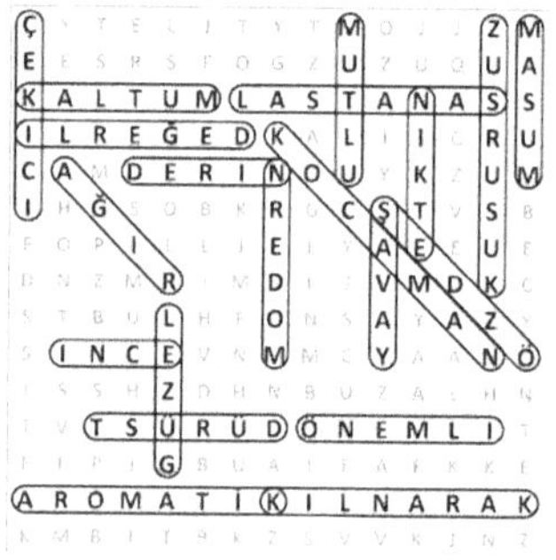

90 - Geometrie

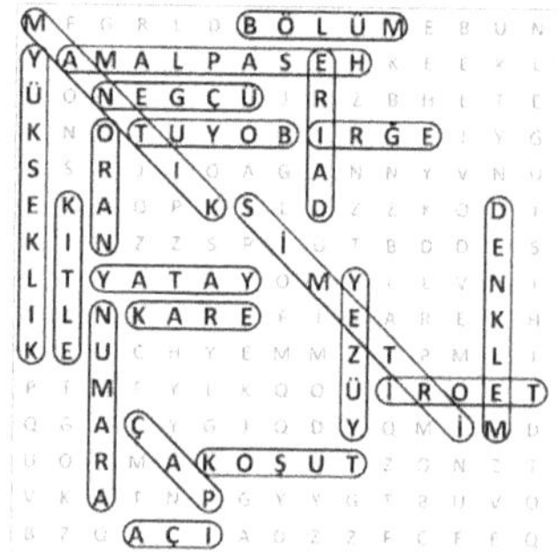

91 - Jazz

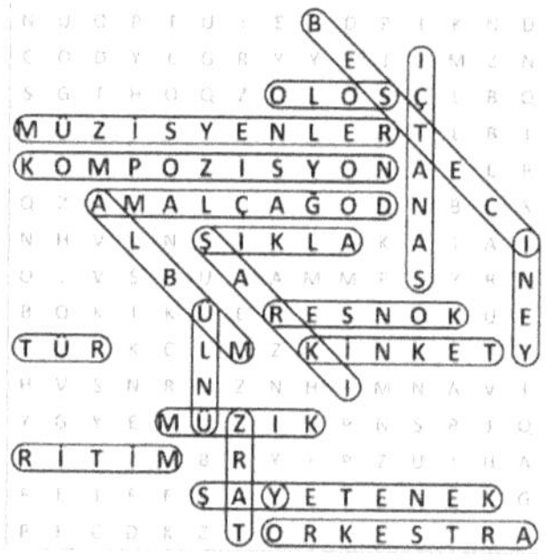

92 - Mathematik

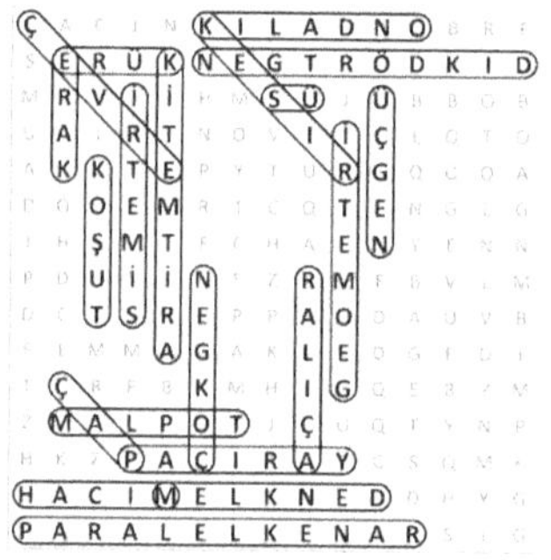

93 - Messungen

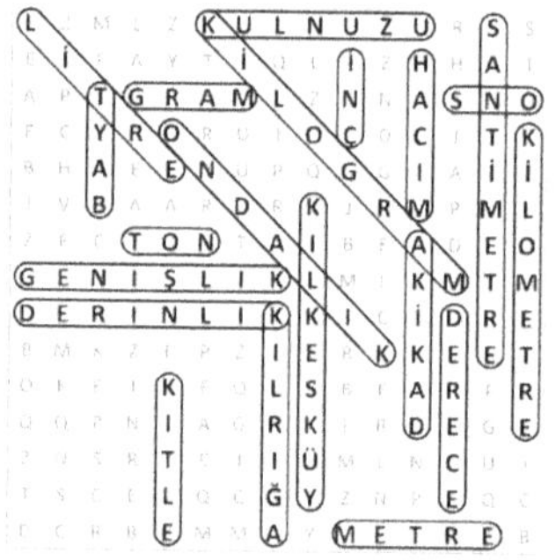

94 - Boxen

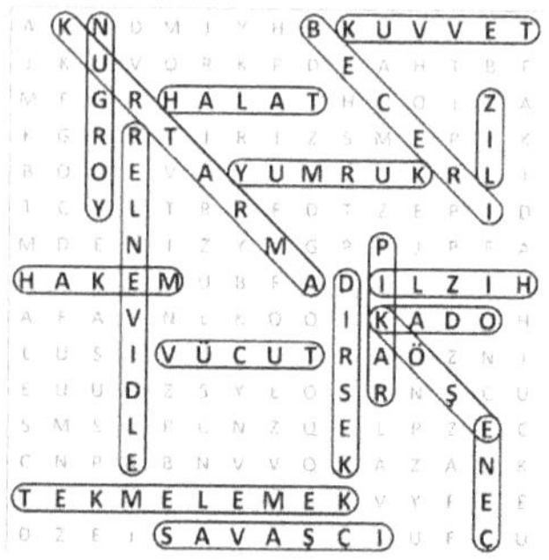

95 - Psychologie

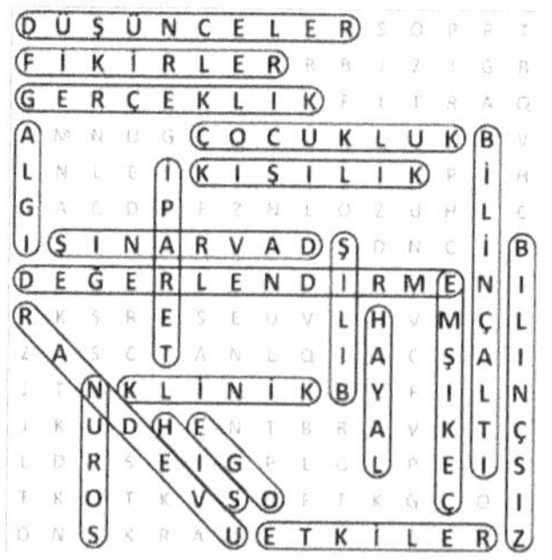

96 - Bauernhof #2

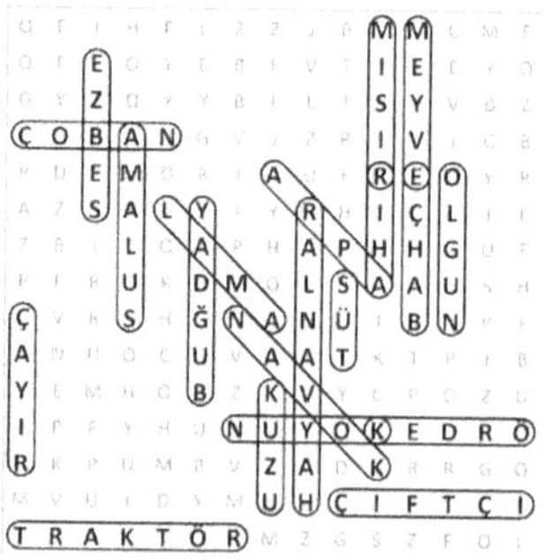

97 - Gartenarbeit

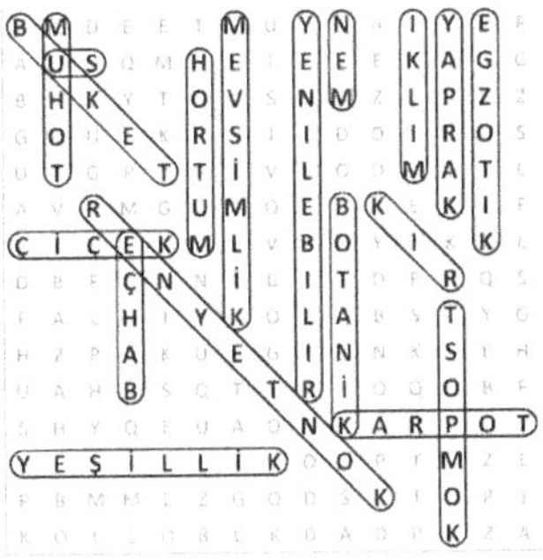

98 - Berufe #2

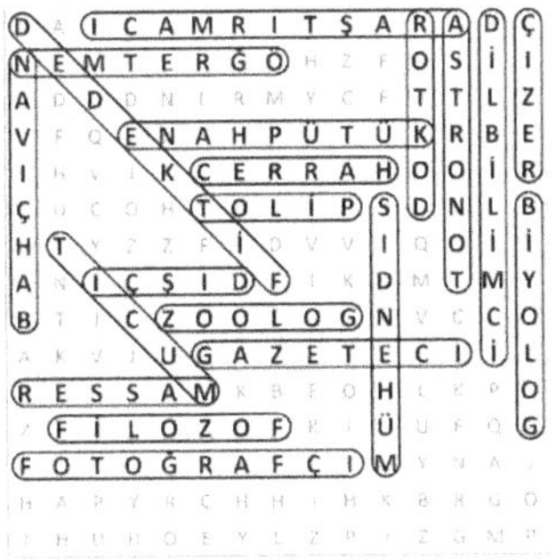

99 - Wetter

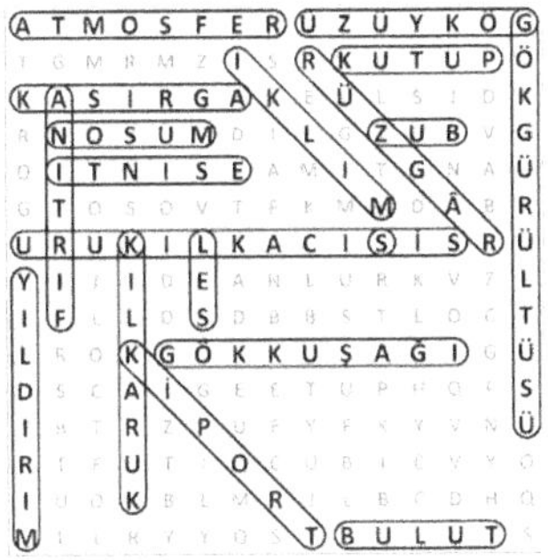

100 - Chemie

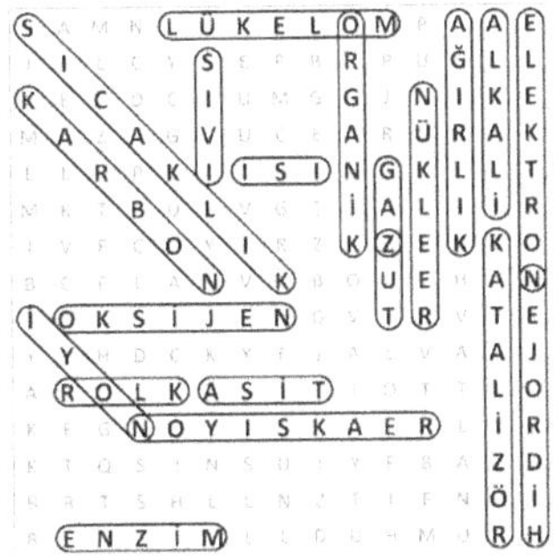

Wörterbuch

Abenteuer
Macera

Ausflug	Gezi
Begeisterung	Heves
Chance	Şans
Freude	Sevinç
Freunde	Arkadaşlar
Gefährlich	Tehlikeli
Gelegenheit	Firsat
Natur	Doğa
Navigation	Sefer
Neu	Yeni
Reisen	Seyahatler
Route	Güzergah
Schönheit	Güzellik
Schwierigkeit	Zorluk
Sicherheit	Emniyet
Tapferkeit	Cesaret
Ungewöhnlich	Olağan Dişi
Überraschend	Şaşirtici
Vorbereitung	Hazirlik
Ziel	Hedef

Adjektive #1
Sıfatlar #1

Absolut	Mutlak
Aktiv	Etkin
Aromatisch	Aromatik
Attraktiv	Çekici
Dunkel	Karanlik
Dünn	Ince
Ehrlich	Dürüst
Glücklich	Mutlu
Identisch	Özdeş
Künstlerisch	Sanatsal
Langsam	Yavaş
Modern	Modern
Perfekt	Kusursuz
Riesig	Kocaman
Schön	Güzel
Schwer	Ağir
Tief	Derin
Unschuldig	Masum
Wertvoll	Değerli
Wichtig	Önemli

Adjektive #2
Sıfatlar #2

Authentisch	Otantik
Berühmt	Ünlü
Beschreibend	Açiklayici
Dramatisch	Dramatik
Elegant	Zarif
Essbar	Yenilebilir
Frisch	Taze
Gesund	Sağlikli
Hungrig	Aç
Interessant	Enteresan
Kreativ	Yaratici
Natürlich	Doğal
Neu	Yeni
Normal	Normal
Produktiv	Üretken
Salzig	Tuzlu
Stark	Güçlü
Stolz	Gururlu
Verantwortlich	Sorumlu
Wild	Vahşi

Agronomie
Tarım

Boden	Toprak
Dünger	Gübre
Energie	Enerji
Erosion	Erozyon
Essen	Gida
Forschung	Araştirma
Gemüse	Sebzeler
Krankheit	Hastaliklar
Landwirtschaft	Tarim
Ländlich	Kirsal
Organisch	Organik
Ökologie	Ekoloji
Pflanzen	Bitkiler
Produktion	Yapim
Studie	Okumak
Umwelt	Çevre
Verschmutzung	Kirlilik
Wachstum	Büyüme
Wasser	Su
Wissenschaft	Bilim

Aktivitäten
Etkinlikler

Angeln	Balikçilik
Entspannung	Rahatlama
Fähigkeit	Beceri
Fotografie	Fotoğrafçilik
Freizeit	Boş
Gartenarbeit	Bahçivanlik
Gemälde	Boyama
Jagd	Avcilik
Keramik	Seramik
Kunst	Sanat
Lesen	Okuma
Magie	Sihir
Nähen	Dikiş
Spiele	Oyunlar
Stricken	Örme
Tanzen	Dans
Vergnügen	Zevk
Wandern	Yürüyüş

Aktivitäten und Freizeit
Aktiviteler ve boş Zaman

Angeln	Balikçilik
Baseball	Beyzbol
Basketball	Basketbol
Boxen	Boks
Entspannend	Rahatlatici
Fussball	Futbol
Gartenarbeit	Bahçivanlik
Gemälde	Boyama
Golf	Golf
Hobbies	Hobiler
Kunst	Sanat
Reise	Seyahat Etmek
Schwimmen	Yüzme
Surfen	Sörf
Tauchen	Daliş
Tennis	Tenis
Volleyball	Voleybol
Wandern	Yürüyüş

Algebra
Cebir

Bruchteil	Kesir
Diagramm	Diyagram
Exponent	Üs
Faktor	Faktör
Falsch	Yanliş
Formel	Formül
Gleichung	Denklem
Graph	Grafik
Linear	Doğrusal
Lösen	Çözmek
Lösung	Çözüm
Matrix	Matris
Null	Sifir
Nummer	Numara
Problem	Sorun
Subtraktion	Çikarma
Summe	Toplam
Unendlich	Sonsuz
Variable	Değişken
Vereinfachen	Basitleştir

Antarktis
Antarktika

Bucht	Koy
Eis	Buz
Erhaltung	Koruma
Expedition	Sefer
Felsig	Kayalik
Forscher	Araştirmaci
Geographie	Coğrafya
Gletscher	Buzullar
Halbinsel	Yarimada
Kontinent	Kita
Migration	Göç
Mineralien	Mineraller
Temperatur	Sicaklik
Topographie	Topoğrafya
Umwelt	Çevre
Vögel	Kuşlar
Wasser	Su
Wetter	Hava
Wind	Rüzgarlar
Wissenschaftlich	Bilimsel

Antiquitäten
Antikacılar

Alt	Yaş
Authentisch	Otantik
Dekorativ	Dekoratif
Elegant	Zarif
Galerie	Galeri
Investition	Yatirim
Jahrhundert	Yüzyil
Kunst	Sanat
Möbel	Mobilya
Münzen	Sikke
Preis	Fiyat
Qualität	Kalite
Schmuck	Taki
Skulptur	Heykel
Stil	Tarz
Ungewöhnlich	Olağan Dişi
Wert	Değer
Zustand	Şart

Archäologie
Arkeoloji

Analyse	Analiz
Auswertung	Değerlendirme
Ära	Çağ
Experte	Uzman
Forscher	Araştirmaci
Fossil	Fosil
Geheimnis	Gizem
Grab	Mezar
Knochen	Kemikler
Mannschaft	Takim
Nachkomme	Döl
Objekte	Nesne
Professor	Profesör
Relikt	Kalinti
Tempel	Tapinak
Unbekannt	Bilinmeyen
Vergessen	Unutulmuş
Zivilisation	Medeniyet

Astronomie
Astronomi

Astronaut	Astronot
Astronom	Astronom
Erde	Toprak
Finsternis	Tutulma
Galaxie	Gökada
Himmel	Gökyüzü
Konstellation	Takimyildiz
Meteor	Meteor
Mond	Ay
Nebel	Bulutsu
Observatorium	Rasathane
Planet	Gezegen
Rakete	Roket
Satellit	Uydu
Sonne	Güneş
Stern	Yildiz
Supernova	Süpernova
Teleskop	Teleskop
Tierkreis	Zodyak
Universum	Evren

Ballett
Bale

Anmutig	Zarif
Applaus	Alkiş
Ausdrucksvoll	Anlamli
Ballerina	Balerin
Choreographie	Koreografi
Fähigkeit	Beceri
Geste	Jest
Intensität	Yoğunluk
Komponist	Besteci
Künstlerisch	Sanatsal
Musik	Müzik
Muskel	Kaslar
Orchester	Orkestra
Probe	Prova
Publikum	Seyirci
Rhythmus	Ritim
Solo	Solo
Stil	Tarz
Tänzer	Dansçilar
Technik	Teknik

Barbecues

Barbeküler

Einladung	Davet
Familie	Aile
Freunde	Arkadaşlar
Frucht	Meyve
Gabeln	Çatallar
Gemüse	Sebzeler
Grill	Izgara
Heiss	Sicak
Huhn	Tavuk
Hunger	Açlik
Kinder	Çocuklar
Messer	Biçak
Musik	Müzik
Pfeffer	Biber
Salate	Salatalar
Salz	Tuz
Sommer	Yaz
Sosse	Sos
Spiele	Oyunlar
Zwiebeln	Soğan

Bauernhof #1

Çiftlik #1

Biene	Ari
Dünger	Gübre
Esel	Eşek
Feld	Alan
Heu	Saman
Honig	Bal
Huhn	Tavuk
Hund	Köpek
Kalb	Buzaği
Katze	Kedi
Krähe	Karga
Kuh	İnek
Land	Kara
Landwirtschaft	Tarim
Pferd	At
Reis	Pirinç
Schwein	Domuz
Wasser	Su
Zaun	Çit
Ziege	Keçi

Bauernhof #2

Çiftlik #2

Bauer	Çiftçi
Bewässerung	Sulama
Bienenstock	Kovan
Ente	Ördek
Frucht	Meyve
Gemüse	Sebze
Gerste	Arpa
Lama	Lama
Lamm	Kuzu
Mais	Misir
Milch	Süt
Obstgarten	Bahçe
Reif	Olgun
Schaf	Koyun
Schäfer	Çoban
Scheune	Ahir
Tiere	Hayvanlar
Traktor	Traktör
Weizen	Buğday
Wiese	Çayir

Berufe #1

Meslekler #1

Arzt	Doktor
Astronom	Astronom
Bankier	Bankaci
Botschafter	Büyükelçi
Buchhalter	Muhasebeci
Geologe	Jeolog
Jäger	Avci
Juwelier	Kuyumcu
Kartograph	Haritaci
Klempner	Tesisatçi
Krankenschwester	Hemşire
Künstler	Sanatçi
Mechaniker	Tamirci
Musiker	Müzisyen
Pianist	Piyanist
Psychologe	Psikolog
Rechtsanwalt	Avukat
Tänzer	Dansçi
Tierarzt	Veteriner
Trainer	Koç

Berufe #2

Meslekler #2

Arzt	Doktor
Astronaut	Astronot
Bibliothekar	Kütüphane
Biologe	Biyolog
Chirurg	Cerrah
Detektiv	Dedektif
Erfinder	Mucit
Forscher	Araştirmaci
Fotograf	Fotoğrafçi
Gärtner	Bahçivan
Illustrator	Çizer
Ingenieur	Mühendis
Journalist	Gazeteci
Lehrer	Öğretmen
Linguist	Dilbilimci
Maler	Ressam
Philosoph	Filozof
Pilot	Pilot
Zahnarzt	Dişçi
Zoologe	Zoolog

Bienen

Arılar

Bestäuber	Tozlayici
Bienenkorb	Kovan
Blumen	Çiçekler
Blüte	Çiçek
Essen	Gida
Flügel	Kanatlar
Frucht	Meyve
Garten	Bahçe
Honig	Bal
Insekt	Böcek
Königin	Kraliçe
Ökosystem	Ekosistem
Pflanzen	Bitkiler
Pollen	Polen
Rauch	Duman
Schwarm	Sürü
Sonne	Güneş
Vielfalt	Çeşitlilik
Vorteilhaft	Faydali
Wachs	Balmumu

Biologie
Biyoloji

Anatomie	Anatomi
Chromosom	Kromozom
Embryo	Embriyo
Enzym	Enzim
Evolution	Evrim
Hormon	Hormon
Kollagen	Kolajen
Mutation	Mutasyon
Natürlich	Doğal
Nerv	Sinir
Neuron	Nöron
Osmose	Ozmos
Pflanzen	Bitkiler
Photosynthese	Fotosentez
Protein	Protein
Reptil	Sürüngen
Säugetier	Memeli
Symbiose	Symbiosis
Synapse	Sinaps
Zelle	Hücre

Blumen
Çiçekler

Blütenblatt	Yaprak
Gardenie	Gardenya
Gänseblümchen	Papatya
Hibiskus	Ebegümeci
Jasmin	Yasemin
Klee	Yonca
Lavendel	Lavanta
Lila	Leylak
Lilie	Zambak
Löwenzahn	Karahindiba
Magnolie	Manolya
Mohn	Haşhaş
Orchidee	Orkide
Passionsblume	Çarkifelek
Pfingstrose	Şakayik
Plumeria	Plumeria
Rose	Gül
Sonnenblume	Ayçiçeği
Strauss	Buket
Tulpe	Lale

Boote
Tekneler

Anker	Çapa
Boje	Şamandira
Crew	Mürettebat
Dock	Dok
Fähre	Feribot
Floss	Sal
Fluss	Nehir
Kanu	Kano
Maritim	Denizcilik
Mast	Direk
Meer	Deniz
Motor	Motor
Nautisch	Deniz
Ozean	Okyanus
See	Göl
Seemann	Denizci
Segelboot	Yelkenli
Seil	Ip
Wellen	Dalgalar
Yacht	Yat

Boxen
Kutulama

Ecke	Köşe
Ellbogen	Dirsek
Erschöpft	Yorgun
Faust	Yumruk
Fähigkeit	Beceri
Fokus	Odak
Gegner	Rakip
Glocke	Zil
Handschuhe	Eldivenler
Kämpfer	Savaşçi
Kick	Tekmelemek
Kinn	Çene
Körper	Vücut
Recovery	Kurtarma
Schiedsrichter	Hakem
Schnell	Hizli
Seile	Halat
Stärke	Kuvvet

Bücher
Kitaplar

Abenteuer	Macera
Autor	Yazar
Dualität	İkilik
Episch	Destan
Erfinderisch	Yaratici
Erzähler	Anlatici
Geschichte	Öykü
Geschrieben	Yazili
Historisch	Tarih
Humorvoll	Mizahi
Kollektion	Koleksiyon
Kontext	Bağlam
Leser	Okuyucu
Literarisch	Edebî
Poesie	Şiir
Relevant	İlgili
Roman	Roman
Seite	Sayfa
Serie	Dizi
Tragisch	Trajik

Camping
Kamp Yapmak

Abenteuer	Macera
Berg	Dağ
Feuer	Ateş
Hängematte	Hamak
Hut	Şapka
Insekt	Böcek
Jagd	Avcilik
Kabine	Kabin
Kanu	Kano
Karte	Harita
Kompass	Pusula
Laterne	Fener
Mond	Ay
Natur	Doğa
See	Göl
Seil	Ip
Spass	Eğlence
Tiere	Hayvanlar
Wald	Orman
Zelt	Çadir

Chemie
Kimya

Alkalisch	Alkali
Chlor	Klor
Elektron	Elektron
Enzym	Enzim
Flüssigkeit	Sivi
Gas	Gaz
Gewicht	Ağirlik
Hitze	Isi
Ion	İyon
Katalysator	Katalizör
Kohlenstoff	Karbon
Molekül	Molekül
Nuklear	Nükleer
Organisch	Organik
Reaktion	Reaksiyon
Salz	Tuz
Sauerstoff	Oksijen
Säure	Asit
Temperatur	Sicaklik
Wasserstoff	Hidrojen

Das Unternehmen
Şirket

Einheiten	Birimler
Einnahmen	Gelir
Entscheidung	Karar
Fortschritt	Ilerleme
Geschäft	Iş
Global	Küresel
Industrie	Endüstri
Innovativ	Yenilikçi
Investition	Yatirim
Kreativ	Yaratici
Löhne	Ücretler
Möglichkeit	Olasilik
Präsentation	Sunum
Produkt	Ürün
Professionell	Profesyonel
Qualität	Kalite
Ressourcen	Kaynaklar
Risiken	Riskler
Ruf	Itibar

Diplomatie
Diplomasi

Ausländisch	Yabanci
Berater	Danişman
Botschaft	Elçilik
Botschafter	Büyükelçi
Bürger	Vatandaşlar
Diplomatisch	Diplomatik
Diskussion	Tartişma
Ethik	Etik
Gemeinschaft	Topluluk
Gerechtigkeit	Adalet
Humanitär	İnsani
Integrität	Bütünlük
Konflikt	Çekişme
Lösung	Çözüm
Politik	Siyaset
Regierung	Hükümet
Sicherheit	Güvenlik
Sprachen	Diller
Vertrag	Antlaşma
Zusammenarbeit	İşbirliği

Emotionen
Duygular

Angst	Korku
Aufgeregt	Heyecanli
Dankbar	Minnettar
Entspannt	Rahat
Freude	Sevinç
Freundlichkeit	Nezaket
Frieden	Bariş
Langeweile	Sikinti
Liebe	Aşk
Relief	Rahatlama
Ruhe	Huzur
Ruhig	Sakin
Sympathie	Sempati
Traurigkeit	Üzüntü
Überraschen	Sürpriz
Wut	Öfke
Zärtlichkeit	Hassasiyet
Zufrieden	Memnun

Energie
Enerji

Batterie	Pil
Benzin	Benzin
Brennstoff	Yakit
Diesel	Mazot
Elektrisch	Elektrik
Elektron	Elektron
Entropie	Entropi
Erneuerbar	Yenilenebilir
Hitze	Isi
Industrie	Endüstri
Kohlenstoff	Karbon
Motor	Motor
Nuklear	Nükleer
Photon	Foton
Sonne	Güneş
Turbine	Türbin
Umwelt	Çevre
Verschmutzung	Kirlilik
Wasserstoff	Hidrojen
Wind	Rüzgar

Ernährung
Beslenme

Appetit	Iştah
Ausgewogen	Dengeli
Bitter	Aci
Diät	Diyet
Essbar	Yenilebilir
Fermentation	Fermantasyon
Flüssigkeiten	Sivilar
Geschmack	Lezzet
Gesund	Sağlikli
Gesundheit	Sağlik
Gewicht	Ağirlik
Gewürze	Baharat
Kalorien	Kalori
Nährstoff	Besin
Proteine	Protein
Qualität	Kalite
Sosse	Sos
Toxin	Toksin
Verdauung	Sindirim
Vitamin	Vitamini

Essen #1

Yemek #1

Basilikum	Fesleğen
Birne	Armut
Erdbeere	Çilek
Erdnuss	Fistik
Fleisch	Et
Kaffee	Kahve
Karotte	Havuç
Knoblauch	Sarimsak
Milch	Süt
Rübe	Şalgam
Saft	Meyve Suyu
Salat	Salata
Salz	Tuz
Spinat	Ispanak
Suppe	Çorba
Thunfisch	Balik
Zimt	Tarçin
Zitrone	Limon
Zucker	Şeker
Zwiebel	Soğan

Essen #2

Yemek #2

Apfel	Elma
Artischocke	Enginar
Aubergine	Patlican
Banane	Muz
Brokkoli	Brokoli
Brot	Ekmek
Ei	Yumurta
Fisch	Balik
Joghurt	Yoğurt
Käse	Peynir
Kirsche	Kiraz
Mandel	Badem
Pilz	Mantar
Reis	Pirinç
Schinken	Jambon
Schokolade	Çikolata
Sellerie	Kereviz
Spargel	Kuşkonmaz
Tomate	Domates
Weizen	Buğday

Ethik

Etik

Altruismus	Özgecilik
Diplomatisch	Diplomatik
Ehrlichkeit	Dürüstlük
Freundlichkeit	Nezaket
Geduld	Sabir
Individualismus	Bireycilik
Integrität	Bütünlük
Menschheit	İnsanlik
Mitgefühl	Merhamet
Optimismus	Iyimserlik
Philosophie	Felsefe
Rationalität	Rasyonalite
Realismus	Gerçekçilik
Respektvoll	Saygili
Toleranz	Tolerans
Vernünftig	Makul
Weisheit	Bilgelik
Werte	Değerler
Würde	Haysiyet
Zusammenarbeit	İşbirliği

Fahren

Sürüş

Auto	Araba
Bremsen	Frenler
Brennstoff	Yakit
Bus	Otobüs
Garage	Garaj
Gas	Gaz
Gefahr	Tehlike
Geschwindigkeit	Hiz
Karte	Harita
Lizenz	Lisans
Lkw	Kamyon
Motor	Motor
Motorrad	Motosiklet
Polizei	Polis
Sicherheit	Emniyet
Transport	Taşimacilik
Tunnel	Tünel
Unfall	Kaza
Verkehr	Trafik
Vorsicht	Dikkat

Fahrzeuge

Araçlar

Auto	Araba
Boot	Bot
Bus	Otobüs
Fahrrad	Bisiklet
Fähre	Feribot
Floss	Sal
Flugzeug	Uçak
Hubschrauber	Helikopter
Krankenwagen	Ambulans
Lkw	Kamyon
Motor	Motor
Rakete	Roket
Reifen	Lastikler
Taxi	Taksi
Traktor	Traktör
U-Bahn	Metro
U-Boot	Denizalti
Van	Van
Wohnwagen	Kervan
Zug	Tren

Familie

Aile

Bruder	Erkek Kardeş
Ehefrau	Kadin Eş
Ehemann	Koca
Enkel	Torun
Grossmutter	Büyükanne
Grossvater	Büyük Baba
Kind	Çocuk
Kinder	Çocuklar
Kindheit	Çocukluk
Mutter	Anne
Neffe	Erkek Yeğen
Nichte	Yeğen
Onkel	Amca
Schwester	Kiz Kardeş
Tante	Teyze
Tochter	Kiz Evlat
Vater	Baba
Vetter	Kuzen
Vorfahr	Ata
Zwillinge	İkizler

Flugzeuge
Uçaklar

Abenteuer	Macera
Abstieg	Iniş
Atmosphäre	Atmosfer
Aufblasen	Şişirmek
Ballon	Balon
Brennstoff	Yakit
Crew	Mürettebat
Design	Tasarim
Geschichte	Tarih
Himmel	Gökyüzü
Höhe	Yükseklik
Konstruktion	Yapi
Luft	Hava
Motor	Motor
Passagier	Yolcu
Pilot	Pilot
Propeller	Pervane
Richtung	Yön
Turbulenz	Türbülans
Wasserstoff	Hidrojen

Formen
Şekilliler

Bogen	Ark
Dreieck	Üçgen
Ecke	Köşe
Ellipse	Elips
Hyperbel	Hiperbol
Kanten	Kenarlar
Kegel	Koni
Kreis	Daire
Kurve	Eğri
Linie	Sira
Oval	Oval
Polygon	Çokgen
Prisma	Prizma
Pyramide	Piramit
Quadrat	Kare
Rechteck	Dikdörtgen
Rund	Yuvarlak
Seite	Yan
Würfel	Küp
Zylinder	Silindir

Garten
Bahçe

Bank	Bank
Baum	Ağaç
Blume	Çiçek
Boden	Toprak
Busch	Çali
Garage	Garaj
Garten	Bahçe
Gras	Çimen
Hängematte	Hamak
Rechen	Tirmik
Schaufel	Kürek
Schlauch	Hortum
Teich	Gölet
Terrasse	Teras
Trampolin	Trambolin
Unkraut	Otlar
Veranda	Veranda
Zaun	Çit

Gartenarbeit
Bahçıvanlık

Blatt	Yaprak
Blüte	Çiçek
Boden	Toprak
Botanisch	Botanik
Container	Konteyner
Essbar	Yenilebilir
Exotisch	Egzotik
Feuchtigkeit	Nem
Klima	Iklim
Kompost	Kompost
Laub	Yeşillik
Obstgarten	Bahçe
Saat	Tohum
Saisonal	Mevsimlik
Schlauch	Hortum
Schmutz	Kir
Strauss	Buket
Wasser	Su

Gebäude
Site

Bauernhof	Çiftlik
Botschaft	Elçilik
Fabrik	Fabrika
Garage	Garaj
Herberge	Pansiyon
Hotel	Otel
Kabine	Kabin
Kino	Sinema
Krankenhaus	Hastane
Labor	Laboratuvar
Museum	Müze
Observatorium	Rasathane
Scheune	Ahir
Schule	Okul
Stadion	Stadyum
Supermarkt	Süpermarket
Theater	Tiyatro
Turm	Kule
Universität	Üniversite
Zelt	Çadir

Gemüse
Sebzeler

Artischocke	Enginar
Aubergine	Patlican
Blumenkohl	Karnabahar
Brokkoli	Brokoli
Erbse	Bezelye
Gurke	Salatalik
Ingwer	Zencefil
Karotte	Havuç
Kartoffel	Patates
Knoblauch	Sarimsak
Kürbis	Kabak
Olive	Zeytin
Petersilie	Maydanoz
Pilz	Mantar
Rübe	Şalgam
Salat	Salata
Sellerie	Kereviz
Spinat	Ispanak
Tomate	Domates
Zwiebel	Soğan

Geographie

Coğrafya

Atlas	Atlas
Äquator	Ekvator
Berg	Dağ
Breite	Enlem
Fluss	Nehir
Hemisphäre	Yarimküre
Höhe	Rakim
Insel	Ada
Karte	Harita
Kontinent	Kita
Land	Ülke
Längengrad	Boylam
Meer	Deniz
Meridian	Meridyen
Norden	Kuzey
Ozean	Okyanus
Region	Bölge
Stadt	Kent
Welt	Dünya
West	Bati

Geologie

Jeoloji

Erdbeben	Deprem
Erosion	Erozyon
Fossil	Fosil
Geschmolzen	Dökme
Geysir	Gayzer
Höhle	Mağara
Kalzium	Kalsiyum
Kontinent	Kita
Koralle	Mercan
Lava	Lav
Mineralien	Mineraller
Plateau	Yayla
Quarz	Kuvars
Salz	Tuz
Säure	Asit
Stalaktit	Sarkit
Stein	Taş
Vulkan	Volkan
Zone	Bölge
Zyklen	Döngüler

Geometrie

Geometri

Anteil	Oran
Berechnung	Hesaplama
Dimension	Boyut
Dreieck	Üçgen
Durchmesser	Çap
Gleichung	Denklem
Horizontal	Yatay
Höhe	Yükseklik
Kreis	Daire
Kurve	Eğri
Logik	Mantik
Masse	Kitle
Nummer	Numara
Oberfläche	Yüzey
Parallel	Koşut
Quadrat	Kare
Segment	Bölüm
Symmetrie	Simetri
Theorie	Teori
Winkel	Açi

Geschäft

İşletme

Arbeitgeber	Işveren
Budget	Bütçe
Büro	Ofis
Einkommen	Gelir
Fabrik	Fabrika
Geld	Para
Geschäft	Dükkan
Gewinn	Kâr
Investition	Yatirim
Karriere	Kariyer
Kosten	Maliyet
Manager	Yönetici
Mitarbeiter	Çalişan
Rabatt	Indirim
Steuern	Vergi
Transaktion	Işlem
Verkauf	Satiş
Ware	Mal
Währung	Para Birimi
Wirtschaft	Ekonomi

Gesundheit und Wellness #1

Sağlık ve Zindelik #1

Aktiv	Etkin
Apotheke	Eczane
Arzt	Doktor
Bakterien	Bakteri
Behandlung	Tedavi
Entspannung	Rahatlama
Fraktur	Kirik
Gewohnheit	Alişkanlik
Haut	Cilt
Höhe	Yükseklik
Hunger	Açlik
Klinik	Klinik
Knochen	Kemikler
Medizin	İlaç
Medizinisch	Tibbi
Nerven	Sinirler
Reflex	Refleks
Therapie	Terapi
Verletzung	Yaralanma
Virus	Virüs

Gesundheit und Wellness #2

Sağlık ve Zindelik #2

Allergie	Alerji
Anatomie	Anatomi
Appetit	Iştah
Blut	Kan
Diät	Diyet
Energie	Enerji
Genetik	Genetik
Gesund	Sağlikli
Gewicht	Ağirlik
Hygiene	Hijyen
Infektion	Enfeksiyon
Kalorie	Kalori
Krankenhaus	Hastane
Krankheit	Hastalik
Massage	Masaj
Risiken	Riskler
Schlafen	Uyku
Sport	Spor
Stress	Stres
Vitamin	Vitamini

Gewürze
Baharat

Anis	Anason
Bitter	Aci
Curry	Köri
Fenchel	Rezene
Geschmack	Lezzet
Ingwer	Zencefil
Kardamom	Kakule
Knoblauch	Sarimsak
Lakritze	Meyan
Muskatnuss	Ceviz
Nelke	Karanfil
Paprika	Kirmizi Biber
Pfeffer	Biber
Safran	Safran
Salz	Tuz
Sauer	Ekşi
Süss	Tatli
Vanille	Vanilya
Zimt	Tarçin
Zwiebel	Soğan

Globale Erwärmung
Küresel Isınma

Arktis	Arktik
Bevölkerung	Nüfus
Daten	Veri
Energie	Enerji
Entwicklung	Gelişme
Gas	Gaz
Generationen	Nesiller
Gesetzgebung	Mevzuat
Industrie	Endüstri
International	Uluslararasi
Jetzt	Şimdi
Klima	Iklim
Krise	Kriz
Reduzieren	Azaltmak
Regierung	Hükümet
Temperaturen	Sicakliklar
Umwelt	Çevresel
Zukunft	Gelecek

Haartypen
Saç Tipleri

Blond	Sarişin
Braun	Kahverengi
Dick	Kalin
Dünn	Ince
Farbig	Renkli
Geflochten	Örgülü
Gesund	Sağlikli
Glänzend	Parlak
Grau	Gri
Kahl	Kel
Kurz	Kisa
Lang	Uzun
Lockig	Kivircik
Schwarz	Siyah
Silber	Gümüş
Trocken	Kuru
Weich	Yumuşak
Weiss	Beyaz
Wellig	Dalgali
Zöpfe	Örgü

Haus
Ev

Besen	Süpürge
Bibliothek	Kütüphane
Dach	Çati
Dachboden	Çati Kati
Decke	Tavan
Dusche	Duş
Fenster	Pencere
Garage	Garaj
Garten	Bahçe
Kamin	Şömine
Küche	Mutfak
Lampe	Lamba
Möbel	Mobilya
Schlafzimmer	Yatak Odasi
Schornstein	Baca
Spiegel	Ayna
Tür	Kapi
Wand	Duvar
Zaun	Çit
Zimmer	Oda

Ingenieurwesen
Mühendislik

Achse	Eksen
Berechnung	Hesaplama
Diagramm	Diyagram
Diesel	Mazot
Drehung	Rotasyon
Durchmesser	Çap
Energie	Enerji
Flüssigkeit	Sivi
Hebel	Kol
Maschine	Makine
Messung	Ölçüm
Motor	Motor
Reibung	Sürtünme
Stabilität	Sebat
Stärke	Kuvvet
Struktur	Yapi
Tiefe	Derinlik
Verteilung	Dağitim
Winkel	Açi

Jazz
Cazcı

Album	Albüm
Alt	Yaş
Applaus	Alkiş
Berühmt	Ünlü
Genre	Tür
Improvisation	Doğaçlama
Komponist	Besteci
Konzert	Konser
Künstler	Sanatçi
Lied	Şarki
Musik	Müzik
Musiker	Müzisyenler
Neu	Yeni
Orchester	Orkestra
Rhythmus	Ritim
Solo	Solo
Stil	Tarz
Talent	Yetenek
Technik	Teknik
Zusammensetzung	Kompozisyon

Kleidung
Giyim

Armband	Bilezik
Bluse	Bluz
Gürtel	Kemer
Halskette	Kolye
Handschuhe	Eldivenler
Hemd	Gömlek
Hose	Pantolon
Hut	Şapka
Jacke	Ceket
Jeans	Kot
Kleid	Elbise
Mode	Moda
Pullover	Kazak
Rock	Etek
Sandalen	Sandalet
Schal	Eşarp
Schlafanzug	Pijama
Schmuck	Taki
Schuh	Ayakkabi
Schürze	Önlük

Kraft und Schwerkraft
Kuvvet ve Yerçekimi

Abstand	Mesafe
Achse	Eksen
Center	Merkez
Druck	Basinç
Dynamisch	Dinamik
Eigenschaften	Özellikler
Entdeckung	Keşif
Expansion	Genişleme
Geschwindigkeit	Hiz
Gewicht	Ağirlik
Magnetismus	Manyetizma
Mechanik	Mekanik
Orbit	Yörünge
Physik	Fizik
Planeten	Gezegenler
Reibung	Sürtünme
Universal	Evrensel
Zeit	Zaman

Krankheit
Hastalık

Akut	Akut
Allergien	Alerjiler
Ansteckend	Bulaşici
Atemwege	Solunum
Bakteriell	Bakteriyel
Chronisch	Kronik
Entzündung	İltihap
Erblich	Kalitsal
Genetisch	Genetik
Gesundheit	Sağlik
Herz	Kalp
Immunität	Bağişiklik
Knochen	Kemikler
Körper	Vücut
Neuropathie	Nöropati
Schwach	Zayif
Sinus	Sinüs
Syndrom	Sendrom
Therapie	Terapi

Kräuterkunde
Bitkicilik

Aromatisch	Aromatik
Basilikum	Fesleğen
Blume	Çiçek
Dill	Dereotu
Estragon	Tarhun
Fenchel	Rezene
Garten	Bahçe
Geschmack	Lezzet
Grün	Yeşil
Knoblauch	Sarimsak
Kulinarisch	Mutfak
Lavendel	Lavanta
Majoran	Mercanköşk
Petersilie	Maydanoz
Qualität	Kalite
Rosmarin	Biberiye
Safran	Safran
Thymian	Kekik
Vorteilhaft	Faydali
Zutat	Içerik

Kunst Liefert
Sanat Malzemeleri

Acryl	Akrilik
Bleistifte	Kalemler
Bürsten	Fırçalar
Farben	Renk
Ideen	Fikirler
Kamera	Kamera
Kreativität	Yaraticilik
Leim	Tutkal
Öl	Yağ
Papier	Kâğit
Radiergummi	Silgi
Staffelei	Şövale
Stuhl	Sandalye
Tabelle	Masa
Tinte	Mürekkep
Ton	Kil
Wasser	Su

Landschaften
Manzaralar

Berg	Dağ
Eisberg	Buzdaği
Fluss	Nehir
Geysir	Gayzer
Gletscher	Buzul
Golf	Körfez
Halbinsel	Yarimada
Höhle	Mağara
Hügel	Tepe
Insel	Ada
Meer	Deniz
Oase	Vaha
See	Göl
Strand	Plaj
Sumpf	Bataklik
Tal	Vadi
Tundra	Tundra
Vulkan	Volkan
Wasserfall	Şelale
Wüste	Çöl

Länder #1
Ülkeler #1

Ägypten	Misir
Brasilien	Brezilya
Deutschland	Almanya
Finnland	Finlandiya
Indien	Hindistan
Irak	Irak
Israel	İsrail
Italien	İtalya
Kambodscha	Kamboçya
Kanada	Kanada
Lettland	Letonya
Mali	Mali
Nicaragua	Nikaragua
Norwegen	Norveç
Polen	Polonya
Rumänien	Romanya
Senegal	Senegal
Spanien	İspanya
Venezuela	Venezuela
Vietnam	Vietnam

Länder #2
Ülkeler #2

Albanien	Arnavutluk
Äthiopien	Etiyopya
Frankreich	Fransa
Griechenland	Yunanistan
Haiti	Haiti
Irland	İrlanda
Jamaika	Jamaika
Japan	Japonya
Kenia	Kenya
Laos	Laos
Liberia	Liberya
Mexiko	Meksika
Nepal	Nepal
Nigeria	Nijerya
Pakistan	Pakistan
Russland	Rusya
Sudan	Sudan
Syrien	Suriye
Uganda	Uganda
Ukraine	Ukrayna

Literatur
Edebiyat

Analogie	Analoji
Analyse	Analiz
Anekdote	Anekdot
Autor	Yazar
Beschreibung	Tanim
Biographie	Biyografi
Dialog	Diyalog
Erzähler	Anlatici
Fiktion	Kurgu
Gedicht	Şiir
Metapher	Mecaz
Poetisch	Şiirsel
Reim	Kafiye
Rhythmus	Ritim
Roman	Roman
Schlussfolgerung	Sonuç
Stil	Tarz
Thema	Tema
Tragödie	Trajedi
Vergleich	Karşilaştirma

Mathematik
Matematik

Arithmetik	Aritmetik
Bruchteil	Kesir
Dezimal	Ondalik
Dreieck	Üçgen
Durchmesser	Çap
Exponent	Üs
Geometrie	Geometri
Gleichung	Denklem
Kugel	Küre
Parallel	Koşut
Parallelogramm	Paralelkenar
Polygon	Çokgen
Quadrat	Kare
Radius	Yariçap
Rechteck	Dikdörtgen
Summe	Toplam
Symmetrie	Simetri
Umfang	Çevre
Volumen	Hacim
Winkel	Açilar

Meditation
Meditasyon

Annahme	Kabul
Atmung	Nefes Alma
Bewegung	Hareket
Dankbarkeit	Minnettarlik
Freundlichkeit	Nezaket
Frieden	Bariş
Gedanken	Düşünceler
Geistig	Zihinsel
Glück	Mutluluk
Haltung	Duruş
Klarheit	Açiklik
Lernen	Öğrenmek
Mitgefühl	Merhamet
Musik	Müzik
Natur	Doğa
Perspektive	Perspektif
Ruhig	Sakin
Stille	Sessizlik
Verstand	Akil
Wach	Uyanik

Menschlicher Körper
İnsan Vücudu

Bein	Bacak
Blut	Kan
Ellbogen	Dirsek
Finger	Parmak
Gehirn	Beyin
Gesicht	Yüz
Hals	Boyun
Hand	El
Haut	Cilt
Herz	Kalp
Kinn	Çene
Knie	Diz
Knöchel	Ayak Bileği
Kopf	Baş
Magen	Mide
Mund	Ağiz
Nase	Burun
Ohr	Kulak
Schulter	Omuz
Zunge	Dil

Messungen
Ölçümler

Breite	Genişlik
Byte	Bayt
Dezimal	Ondalik
Gewicht	Ağirlik
Grad	Derece
Gramm	Gram
Höhe	Yükseklik
Kilogramm	Kilogram
Kilometer	Kilometre
Länge	Uzunluk
Liter	Litre
Masse	Kitle
Meter	Metre
Minute	Dakika
Tiefe	Derinlik
Tonne	Ton
Unze	Ons
Volumen	Hacim
Zentimeter	Santimetre
Zoll	İnç

Musik
Müzik

Album	Albüm
Aufnahme	Kayit
Chor	Koro
Eklektisch	Eklektik
Harmonie	Ahenk
Harmonisch	Harmonik
Improvisieren	Doğaçlama
Instrument	Enstrüman
Klassisch	Klasik
Lyrisch	Lirik
Melodie	Melodi
Mikrofon	Mikrofon
Musical	Müzikal
Musiker	Müzisyen
Oper	Opera
Poetisch	Şiirsel
Rhythmisch	Ritmik
Rhythmus	Ritim
Sänger	Şarkici
Tempo	Tempo

Musikinstrumente
Enstrüman

Banjo	Banço
Cello	Çello
Drumsticks	Baget
Fagott	Fagot
Flöte	Flüt
Geige	Keman
Gitarre	Gitar
Gong	Gong
Harfe	Arp
Klarinette	Klarnet
Klavier	Piyano
Mandoline	Mandolin
Marimba	Marimba
Oboe	Obua
Posaune	Trombon
Saxophon	Saksafon
Schlagzeug	Vurma
Tamburin	Tef
Trommel	Davul
Trompete	Trompet

Mythologie
Mitoloji

Archetyp	Numune
Blitz	Yildirim
Donner	Gök Gürültüsü
Eifersucht	Kiskançlik
Held	Kahraman
Himmel	Cennet
Katastrophe	Felaket
Kreation	Yaratiliş
Kreatur	Yaratik
Krieger	Savaşçi
Kultur	Kültür
Labyrinth	Labirent
Legende	Efsane
Magisch	Büyülü
Monster	Canavar
Rache	Intikam
Stärke	Kuvvet
Sterblich	Ölümlü
Unsterblichkeit	Ölümsüzlük
Verhalten	Davraniş

Natur
Doğa

Arktis	Arktik
Berge	Dağlar
Bienen	Arlar
Dynamisch	Dinamik
Erosion	Erozyon
Fluss	Nehir
Friedlich	Huzurlu
Gletscher	Buzul
Heiligtum	Barinak
Heiter	Sakin
Laub	Yeşillik
Lebenswichtig	Hayati
Nebel	Sis
Schönheit	Güzellik
Tiere	Hayvanlar
Tropisch	Tropikal
Wald	Orman
Wild	Vahşi
Wolken	Bulutlar
Wüste	Çöl

Obst
Meyve

Ananas	Ananas
Apfel	Elma
Aprikose	Kayisi
Avocado	Avokado
Banane	Muz
Beere	Dut
Birne	Armut
Brombeere	Böğürtlen
Grapefruit	Greyfurt
Himbeere	Ahududu
Kirsche	Kiraz
Kiwi	Kivi
Melone	Kavun
Nektarine	Nektar
Orange	Turuncu
Papaya	Papaya
Pfirsich	Şeftali
Pflaume	Erik
Traube	Üzüm
Zitrone	Limon

Ozean
Okyanus

Aal	Yilan Baliği
Algen	Yosun
Auster	İstiridye
Boot	Bot
Delfin	Yunus
Fisch	Balik
Garnele	Karides
Gezeiten	Gelgit
Hai	Köpekbaliği
Koralle	Mercan
Krabbe	Yengeç
Krake	Ahtapot
Qualle	Denizanasi
Riff	Resif
Salz	Tuz
Schildkröte	Kaplumbağa
Schwamm	Sünger
Sturm	Firtina
Wal	Balina
Wellen	Dalgalar

Pflanzen
Bitkiler

Bambus	Bambu
Baum	Ağaç
Beere	Dut
Blume	Çiçek
Blütenblatt	Yaprak
Bohne	Fasulye
Botanik	Botanik
Busch	Çali
Dünger	Gübre
Efeu	Sarmaşik
Flora	Flora
Garten	Bahçe
Gras	Çimen
Kaktus	Kaktüs
Kraut	Ot
Laub	Yeşillik
Moos	Yosun
Vegetation	Bitki Örtüsü
Wald	Orman
Wurzel	Kök

Physik
Fizikçi

Atom	Atom
Beschleunigung	Hizlanma
Chaos	Kaos
Chemisch	Kimyasal
Dichte	Yoğunluk
Elektron	Elektron
Experiment	Deney
Formel	Formül
Frequenz	Siklik
Gas	Gaz
Geschwindigkeit	Hiz
Magnetismus	Manyetizma
Masse	Kitle
Mechanik	Mekanik
Molekül	Molekül
Motor	Motor
Nuklear	Nükleer
Partikel	Partikül
Relativität	Görelilik
Universal	Evrensel

Politik
Siyaset

Aktivist	Aktivist
Ethik	Etik
Freiheit	Özgürlük
Gleichheit	Eşitlik
Kampagne	Kampanya
Kandidat	Aday
Komitee	Komite
Meinung	Görüş
National	Ulusal
Politik	Politika
Politiker	Politikaci
Popularität	Popülerlik
Rat	Konsey
Regierung	Hükümet
Sieg	Zafer
Steuern	Vergi
Strategie	Strateji
Wahl	Seçim

Psychologie
Psikoloji

Bewertung	Değerlendirme
Bewusstlos	Bilinçsiz
Ego	Ego
Einflüsse	Etkiler
Gedanken	Düşünceler
Ideen	Fikirler
Kindheit	Çocukluk
Klinisch	Klinik
Kognition	Biliş
Konflikt	Çekişme
Persönlichkeit	Kişilik
Problem	Sorun
Sensation	His
Termin	Randevu
Therapie	Terapi
Träume	Hayal
Unterbewusstsein	Bilinçalti
Verhalten	Davraniş
Wahrnehmung	Algi
Wirklichkeit	Gerçeklik

Regierung
Devlet

Bezirk	Bölge
Demokratie	Demokrasi
Denkmal	Anit
Diskussion	Tartişma
Freiheit	Özgürlük
Friedlich	Huzurlu
Führer	Lider
Gerechtigkeit	Adalet
Gesetz	Kanun
Gleichheit	Eşitlik
Nation	Ulus
National	Ulusal
Politik	Siyaset
Rechte	Haklar
Rede	Konuşma
Staat	Devlet
Symbol	Sembol
Unabhängigkeit	Bağimsizlik
Verfassung	Anayasa
Zivil	Sivil

Restaurant #2
Restoran #2

Eier	Yumurta
Eis	Buz
Fisch	Balik
Frucht	Meyve
Gabel	Çatal
Gemüse	Sebzeler
Gewürze	Baharat
Kellner	Garson
Köstlich	Lezzetli
Kuchen	Kek
Löffel	Kaşik
Nudeln	Erişte
Salat	Salata
Salz	Tuz
Stuhl	Sandalye
Suppe	Çorba
Vorspeise	Meze
Wasser	Su

Säugetiere
Memeliler

Affe	Maymun
Bär	Ayi
Biber	Kunduz
Elefant	Fil
Fuchs	Tilki
Giraffe	Zürafa
Gorilla	Goril
Hund	Köpek
Känguru	Kanguru
Kojote	Çakal
Löwe	Aslan
Panther	Panter
Pferd	At
Ratte	Siçan
Schaf	Koyun
Stier	Boğa
Tiger	Kaplan
Wal	Balina
Wolf	Kurt
Zebra	Zebra

Schokolade
Çikolatalı

Antioxidans	Antioksidan
Aroma	Aroma
Bitter	Aci
Essen	Yemek
Exotisch	Egzotik
Favorit	Favori
Geschmack	Lezzet
Handwerklich	Zanaat
Kakao	Kakao
Kalorien	Kalori
Karamell	Karamel
Köstlich	Lezzetli
Pulver	Toz
Qualität	Kalite
Süss	Tatli
Verlangen	Özlem
Zucker	Şeker
Zutat	Içerik

Schönheit
Güzellik

Anmut	Lütuf
Charme	Cazibe
Duft	Koku
Elegant	Zarif
Eleganz	Zarafet
Farbe	Renk
Fotogen	Fotojenik
Glatt	Düz
Haut	Cilt
Kosmetik	Kozmetik
Lippenstift	Ruj
Öle	Yağlar
Schere	Makas
Shampoo	Şampuan
Spiegel	Ayna
Stylist	Stilist
Wimperntusche	Maskara

Science Fiction
Bilim Kurgu

Bücher	Kitaplar
Chemikalien	Kimyasallar
Explosion	Patlama
Extrem	Aşiri
Fantastisch	Fantastik
Feuer	Ateş
Futuristisch	Fütüristik
Galaxie	Gökada
Geheimnisvoll	Gizemli
Illusion	Yanilsama
Imaginär	Hayali
Kino	Sinema
Orakel	Kehanet
Planet	Gezegen
Realistisch	Gerçekçi
Roboter	Robotlar
Szenario	Senaryo
Technologie	Teknoloji
Utopie	Ütopya
Welt	Dünya

Sport
Spor

Athlet	Atlet
Baseball	Beyzbol
Basketball	Basketbol
Bewegung	Hareket
Eishockey	Hokey
Fahrrad	Bisiklet
Gewinner	Kazanan
Golf	Golf
Gymnasium	Salon
Gymnastik	Jimnastik
Mannschaft	Takim
Meisterschaft	Şampiyon
Schiedsrichter	Hakem
Spiel	Oyun
Spieler	Oyuncu
Stadion	Stadyum
Tennis	Tenis
Trainer	Koç

Stadt
Kasaba

Apotheke	Eczane
Bank	Banka
Bäckerei	Firin
Bibliothek	Kütüphane
Blumenhändler	Çiçekçi
Buchhandlung	Kitapçi
Flughafen	Havalimani
Galerie	Galeri
Hotel	Otel
Kino	Sinema
Klinik	Klinik
Markt	Pazar
Museum	Müze
Restaurant	Restoran
Salon	Salon
Schule	Okul
Stadion	Stadyum
Supermarkt	Süpermarket
Theater	Tiyatro
Universität	Üniversite

Strand
Plaj

Blau	Mavi
Boot	Bot
Dock	Dok
Handtuch	Havlu
Insel	Ada
Krabbe	Yengeç
Küste	Sahil
Lagune	Lagün
Meer	Deniz
Ozean	Okyanus
Regenschirm	Şemsiye
Riff	Resif
Sand	Kum
Sandalen	Sandalet
Segelboot	Yelkenli
Sonne	Güneş
Urlaub	Tatil

Tage und Monate
Günler ve Aylar

August	Ağustos
Dezember	Aralik
Dienstag	Sali
Donnerstag	Perşembe
Februar	Şubat
Freitag	Cuma
Jahr	Yil
Januar	Ocak
Juli	Temmuz
Juni	Haziran
Kalender	Takvim
Mittwoch	Çarşamba
Monat	Ay
Montag	Pazartesi
November	Kasim
Oktober	Ekim
Samstag	Cumartesi
September	Eylül
Sonntag	Pazar
Woche	Hafta

Tanzen
Dans

Akademie	Akademi
Anmut	Lütuf
Ausdrucksvoll	Anlamli
Bewegung	Hareket
Choreographie	Koreografi
Emotion	Duygu
Freudig	Neşeli
Haltung	Duruş
Klassisch	Klasik
Körper	Vücut
Kultur	Kültür
Kulturell	Kültürel
Kunst	Sanat
Musik	Müzik
Partner	Ortak
Probe	Prova
Rhythmus	Ritim
Traditionell	Geleneksel
Visuell	Görsel

Technologie
Teknoloji

Bildschirm	Ekran
Blog	Blog
Browser	Tarayici
Bytes	Bayt
Computer	Bilgisayar
Cursor	İmleç
Datei	Dosya
Daten	Veri
Digital	Dijital
Forschung	Araştirma
Internet	İnternet
Kamera	Kamera
Nachricht	Mesaj
Sicherheit	Güvenlik
Software	Yazilim
Statistik	İstatistik
Virtuell	Sanal
Virus	Virüs

Universum
Evren

Astronom	Astronom
Astronomie	Astronomi
Atmosphäre	Atmosfer
Äon	Eon
Äquator	Ekvator
Breite	Enlem
Dunkelheit	Karanlik
Galaxie	Gökada
Hemisphäre	Yarimküre
Himmel	Gökyüzü
Himmlisch	Göksel
Horizont	Ufuk
Kosmisch	Kozmik
Längengrad	Boylam
Mond	Ay
Orbit	Yörünge
Sichtbar	Görünür
Sonnenwende	Gündönümü
Teleskop	Teleskop
Tierkreis	Zodyak

Urlaub #2
Tatil #2

Ausländer	Yabanci
Berge	Dağlar
Flughafen	Havalimani
Fotos	Fotoğraflar
Freizeit	Boş
Hotel	Otel
Insel	Ada
Karte	Harita
Meer	Deniz
Pass	Pasaport
Reise	Seyahat
Restaurant	Restoran
Strand	Plaj
Taxi	Taksi
Transport	Taşimacilik
Visum	Vize
Zelt	Çadir
Ziel	Hedef
Zug	Tren

Vögel
Kuşlar

Adler	Kartal
Ei	Yumurta
Ente	Ördek
Eule	Baykuş
Flamingo	Flamingo
Gans	Kaz
Huhn	Tavuk
Krähe	Karga
Kuckuck	Guguk
Möwe	Marti
Papagei	Papağan
Pelikan	Pelikan
Pfau	Tavus
Pinguin	Penguen
Rabe	Kuzgun
Reiher	Balikçil
Schwan	Kuğu
Spatz	Serçe
Storch	Leylek
Taube	Güvercin

Wandern
Yürüyüş

Berg	Dağ
Gefahren	Tehlikeler
Gipfel	Toplanti
Karte	Harita
Klima	Iklim
Klippe	Uçurum
Müde	Yorgun
Natur	Doğa
Orientierung	Oryantasyon
Parks	Parklar
Schwer	Ağir
Sonne	Güneş
Steine	Taşlar
Tiere	Hayvanlar
Vorbereitung	Hazirlik
Wasser	Su
Wetter	Hava
Wild	Vahşi

Wasser
Suçlu

Bewässerung	Sulama
Dampf	Buhar
Dusche	Duş
Eis	Buz
Feuchtigkeit	Nem
Fluss	Nehir
Flut	Sel
Frost	Don
Geysir	Gayzer
Hurrikan	Kasirga
Kanal	Kanal
Monsun	Muson
Ozean	Okyanus
Regen	Yağmur
Schnee	Kar
See	Göl
Verdunstung	Buharlaşma
Wellen	Dalgalar

Wetter
Hava

Atmosphäre	Atmosfer
Blitz	Yildirim
Brise	Esinti
Donner	Gök Gürültüsü
Dürre	Kuraklik
Eis	Buz
Flut	Sel
Himmel	Gökyüzü
Klima	Iklim
Monsun	Muson
Nebel	Sis
Polar	Kutup
Regenbogen	Gökkuşaği
Sturm	Firtina
Temperatur	Sicaklik
Tornado	Kasirga
Trocken	Kuru
Tropisch	Tropik
Wind	Rüzgâr
Wolke	Bulut

Wissenschaft
Bilim

Atom	Atom
Chemisch	Kimyasal
Daten	Veri
Evolution	Evrim
Experiment	Deney
Fossil	Fosil
Hypothese	Hipotez
Klima	Iklim
Labor	Laboratuvar
Methode	Yöntem
Mineralien	Mineraller
Moleküle	Molekül
Natur	Doğa
Organismus	Organizma
Partikel	Parçaciklar
Pflanzen	Bitkiler
Physik	Fizik
Schwerkraft	Yerçekimi
Tatsache	Gerçek

Wissenschaftliche Disziplinen
Bilimsel Disiplinler

Anatomie	Anatomi
Archäologie	Arkeoloji
Astronomie	Astronomi
Biochemie	Biyokimya
Biologie	Biyoloji
Botanik	Botanik
Chemie	Kimya
Geologie	Jeoloji
Immunologie	İmmünoloji
Kinesiologie	Kinesiyoloji
Linguistik	Dilbilim
Mechanik	Mekanik
Mineralogie	Mineraloji
Neurologie	Nöroloji
Ökologie	Ekoloji
Physiologie	Fizyoloji
Psychologie	Psikoloji
Soziologie	Sosyoloji
Thermodynamik	Termodinamik
Zoologie	Zooloji

Zahlen
Şiir

Acht	Sekiz
Achtzehn	Onsekiz
Dezimal	Ondalik
Drei	Üç
Dreizehn	On Üç
Eins	Bir
Fünf	Beş
Neun	Dokuz
Neunzehn	On Dokuz
Null	Sifir
Sechs	Alti
Sechzehn	On Alti
Sieben	Yedi
Siebzehn	On Yedi
Vier	Dört
Vierzehn	On Dört
Zehn	On
Zwanzig	Yirmi
Zwei	2
Zwölf	On Iki

Zeit
Zaman

Früh	Erken
Gestern	Dün
Heute	Bugün
Jahr	Yil
Jahrhundert	Yüzyil
Jahrzehnt	On Yil
Jährlich	Yillik
Jetzt	Şimdi
Kalender	Takvim
Minute	Dakika
Mittag	Öğle
Monat	Ay
Morgen	Sabah
Nach	Sonra
Nacht	Gece
Tag	Gün
Uhr	Saat
Vor	Önce
Woche	Hafta
Zukunft	Gelecek

Zu Füllen
Doldurmak

Becken	Havza
Box	Kutu
Eimer	Kova
Fass	Fiçi
Flasche	Şişe
Karton	Karton
Kiste	Sandik
Koffer	Bavul
Korb	Sepet
Krug	Kavanoz
Mappe	Klasör
Paket	Paket
Rohr	Tüp
Schublade	Çekmece
Tablett	Tepsi
Tasche	Çanta
Umschlag	Zarf
Vase	Vazo
Wanne	Küvet

Gratuliere

Sie haben es geschafft !!

Wir hoffen, dass euch dieses Buch genauso viel Spaß gemacht hat wie uns dessen Herstellung. Wir tun unser Bestes, um qualitativ hochwertige Spiele zu erfinden. Diese Rätsel sind auf eine clevere Art und Weise entworfen, damit sie aktiv lernen und daran Vergnügen finden.

Hat ihnen das Buch gefallen ?

Eine einfache Bitte

Unsere Bücher existieren dank der Rezensionen, die sie veröffentlichen. Können sie uns helfen indem sie jetzt eine Meinung hinterlassen ?

Hier ist ein kurzer Link, der Sie zu ihrer Bewertungsseite führt

BestBooksActivity.com/Rezension50

MONSTER HERAUSFÖRDERUNGEN !

Herausförderung 1

Bereit für ihr Bonusspiel? Wir verwenden sie ständig, aber sie sind nicht einfach zu finden. Es sind die Synonyme !

Notieren sie 5 Wörter, die sie in den untenstehenden Rätseln (Nummer 21, 36 und 76) entdeckt haben und versuchen sie für jedes Wort 2 Synonyme zu finden .

Notieren sie 5 Wörter aus ***Rätsel 21***

Wörter	Synonym 1	Synonym 2

Notieren sie 5 Wörter aus ***Rätsel 36***

Wörter	Synonym 1	Synonym 2

Notieren sie 5 Wörter aus ***Rätsel 76***

Wörter	Synonym 1	Synonym 2

Herausförderung 2

Jetzt, wo sie warm sind, notieren sie 5 Wörter, die sie in jedem der untenaufgeführten Rätseln entdeckt haben (Nummer 9, 17 und 25) und versuchen sie für jedes Wort 2 Antonyme zu finden. Wie viele davon können sie binnen 20 Minuten finden ?

*Notieren sie 5 Wörter aus **Rätsel 9***

Wörter	Antonym 1	Antonym 2

*Notieren sie 5 Wörter aus **Rätsel 17***

Wörter	Antonym 1	Antonym 2

*Notieren sie 5 Wörter aus **Rätsel 25***

Wörter	Antonym 1	Antonym 2

Herausförderung 3

Wunderbar, diese Monster Herausförderung  wird kein Problem für sie sein !

Bereit für die letzte Herausförderung? Wählen sie ihre 10 Lieblingswörter aus, die sie in einem Rätsel entdeckt haben und notieren sie sie unten.

1.	6.
2.	7.
3.	8.
4.	9.
5.	10.

Die Aufgabe besteht nun darin mit diesen Wörtern und in maximal sechs Sätzen einen Text herzustellen über eine Person, ein Tier oder ein Ort den sie lieben !

Tipp : sie können die letzten leeren Seiten dieses Buches als Entwurf verwenden

Ihr Schreiben :

NOTIZBUCH :

AUF BALDIGES WIEDERSEHEN !

Linguas Classics

www.ingramcontent.com/pod-product-compliance
Lightning Source LLC
Chambersburg PA
CBHW082102120626
46553CB00011B/3509
9798896701033